예배 변혁

기독교 예배에서
율법주의적 요소

김정태 지음

머/리/말

성경은 하나님을 예배하는 방식을 명확히 가르친다. 요한복음 4장 23~24절은 영과 진리로 예배해야 한다고 말하며, 빌립보서 3장 3절은 하나님의 영으로 예배한다고 증언한다. 로마서 7장 6절과 고린도후서 3장 6절은 성령의 새로운 방식으로 주 하나님을 섬기며 율법의 문자의 구식으로 하지 아니한다고 설명한다. 골로새서 2장 8절은 그리스도에 따르지 않고 인간의 전통과 세상의 초보 원칙에 따라 예배하는 것에 대해 경고한다.

그럼에도 불구하고, 오늘날 기독교 교회에서는 예배에 대한 율법주의적 접근이 만연하다. 교회에 다니는 수많은 사람들은 그리스도에 따라 성령에 의하지 않고, 구약의 율법과 인간의 전통과 세상의 원칙에 따라 예배를 드리고 있다. 북미에서 예수 그리스도의 복음을 전하는 목사로서 나는 예배에서 율법주의적 요소들을 목격했다. 또한 일본에서 선교사로 사역하는 동안 율법주의적 예배 관행을 관찰했다. 한국 교회에서는 율법주의적 예배가 주로 행해지고 있다.

이 책에서 말하는 예배에 대한 율법주의적 접근은 구약의 율법과 인간의 전통과 법을 포함한 세상의 초보적인 원칙에 따른 예배 방식이다. 율법은 하나님의 예배를 위한 기초적 규칙과 규정을 제공한다. 유대-기독교 전통에 따라 예배하는 자들은 예배에 대한 역사적 관점을 가지고 있어, 그리스도인 예배의 기원을 율법에 근거한 고대 유대인 예배로 추적한다. 그리하여 기독교 예배 관행은 유대인 성전 예배, 유대인 회당 예배, 초기 유대-기독교 예배에서 진화해 왔다. 그리고 '율법'이란 달리 명시되지 않는 한 구약에 있는 하나님의 율법 전체 또는 모세의 율법 전체를 의미한다. '법'이라는 용어는 구약에 있는 율법 중 특정한 것을 가리킨다.

이 책은 내가 일본의 기독교 지도자 연수에서, 캐나다의 여러 교회에서 발표한 자료를 확장한 것이다. 기독교 예배에서 율법주의적인 요소들을 드러내고, 그리스도에 따른 참된 예배를 돋보이게 한다. 크리스천 예배란 무엇인지, 영과 진리로 드리는 예배는 어떤 것인지도 설명한다. 또한 이 책은 구약의 율법에 대한 질문들, 예를 들어 율법이 오늘날에도 구속력이 있는가, 그리스도인이 어떻게 율법에 접근해야 하는가 등을 다루고 있다. 그리하여 율법에 따른 예배가 그리스도에 따른 예배로 변화한 것을 보여 준다.

무엇보다도, 이 책을 쓸 수 있도록 도와주신 하나님께 감사를 드린다. 나는 서른다섯 살에 예수의 십자가에 대한 말씀을 듣고, 눈을 들어 십자가 너머 주의 영광과 권능을 보고 예수가 주와 그리스도이심을 믿었다. 성령의 충만함과 거듭남을 경험하였고, 구세주 예수께서는 나를 그분의 영광이 충만한 임재에 서게 하셨다. 성소에서 나는 하나님께 경배와 찬양을 드렸다.

그날 이후, 나는 그리스도 예수를 통해 성령으로 하나님께 예배를 드리기 시작했다. 이 책의 내용은 이러한 경험에서 비롯되었다. 따라서 이 책에 서술된 그리스도인 예배는 그리스도 예수의 계시에 따른 것이며, 예배학의 신학적 재해석이나 역사적 재검토에 근거하지 않는다. 주님은 나에게 참된 천국의 예배를 계시하셨고, 나는 그것을 눈으로 보고 경험했다. 여러분도 그리스도를 통해 성령으로 예배할 수 있도록, 그리스도 예수가 계시하신 예배에 대해 이 책을 쓴다.

이 책은 주 하나님을 예배하는 기독교인에게 유익하다. 그리스도 예수를 자랑하고 성령으로 예배하기를 열망하는 사람은 특히 이 책을 기뻐할 것이다. 참된 예배를 추구하는 목회자와 교인들도 이 책을 환영할 것이다. 신학교와 신학원의 교수 및 학생들에게는 귀중한 자료가 될 것이다.

2025년 봄
캐나다 토론토에서

목/차/

머리말 _ 2

제1부/ 율법, 율법주의, 그리스도

1. 율법에 따른 예배 — 11
2. 율법주의적 예배 — 14
3. 그리스도에 따른 예배 — 28

제2부/ 예배일

4. 율법에 따른 예배일 — 44
5. 기독교 예배일에서 율법주의적 요소 — 47
6. 그리스도에 따른 예배일 — 58

제3부/ 예배 장소

7. 율법에 따른 예배 장소 — 68
8. 기독교 예배 장소에서 율법주의적 요소 — 72
9. 그리스도에 따른 예배 장소 — 86

제4부/ 성직자

10. 율법에 따른 성직자 94
11. 기독교 성직자에서 율법주의적 요소 98
12. 그리스도에 따른 성직자 114

제5부/ 예배 봉사

13. 율법에 따른 예배 봉사 122
14. 율법주의적 예배 봉사 134
15. 기독교 예배 봉사에서 율법주의적 요소 167
16. 그리스도에 따른 예배 봉사 184

결론 _ 204

1부 율법, 율법주의, 그리스도

1부에서는 하나님을 예배하는 세 가지 방식, 즉 율법, 율법주의, 그리스도에 따른 예배를 각각 개론적으로 살펴본다. 이 탐구는 율법의 옛 방식에서 예수 그리스도에 의해 시작된 새로운 방식으로의 변혁에 대한 이해를 돕는다. 또한 기독교 예배에서 율법주의적 요소를 분별할 수 있게 해준다.

1.
율법에 따른 예배

📑 율법이 규정한 구약 예배

구약에서는 율법이 하나님께 드리는 예배를 통제했다. 거룩함을 정의했고, 거룩한 일자와 장소, 제사장과 제사장 직분을 규정하여 예배를 관리했다. 그래서 구약의 백성은 율법에 따라 지상의 성소를 마련했다. 그곳에서 레위 제사장은 정해진 시간에 예배를 드렸다.

📑 초보적인, 지상의, 자연의 예배

율법에는 예배의 기본적인 법규와 규칙이 담겨 있다. 율법은 약속의 땅 가나안에서 이스라엘 백성에게 의무적으로 적용되는 예배와 거룩한 삶을 위한 하나님의 기본 원칙이었다(레 11:44~45; 신 4:1~8).

따라서 율법에 따른 예배는 초보적이고 지상적이며 자연적이었다. 예를 들어, 율법은 구약의 백성이 지켜야 할 행동, 즉 해야 할 행동과 하지 말아야 할 행동을 지시하는 초보적인 법령을 포함했다. 예배일은 세상의 원리에 따른 히브리 달력에 있는 성일이었다. 하나님의 거주지는 지상의 성소였다. 제사장은 아론의 육신적인 후손이었고, 하나님께 자연의 제물과 봉헌물을 바쳤다. 율법에 따른 예배는 정한 시간, 지정된 장소, 특별한 제사장, 규정된 제물, 그리고 의식적인 관행을 수반했다.

율법에 있는 이러한 초보적이고 지상적이며 자연적 요소들은 하늘에 있는 실체의 모형 역할을 했으며, 그리스도를 통해 나타날 참되고 천국적이며 영적인 예배를 가리켰다.

📖 율법에 따른 예배는 당연한 삶

구약 백성의 율법에 따른 예배는 그들을 은혜로(신 9:5~6) 구원하신 하나님에 대한 당연한 삶인 것을 기억해야 한다. 하나님은 일찍이 아브라함에게 가나안 땅을 주기로 약속하셨다(창 12:7, 13:15, 15:7). 그 후 이스라엘 자손들이 애굽에서 노예 신세로 전락하여 가혹한 노역으로 신음할 때, 주 하나님은 그들을 애굽의 속박에서 구출하여 백성으로 삼고, 아브라함에게 언약한 땅을 주기로 하는 구약을 맺었다(출 6:2~8). 주 하나님은 구약의 계약대로, 이스라엘 백성을 출애굽시킨 후, 약속의 땅 가나안으로 인도하시며, 모세를 통해 율법을 주셨다(출 20:1~17; 신 5:6~21).

그러므로 율법의 준수와 예배는 하나님의 구원을 얻어내는 수단이 아니라 구원의 하나님에 대한 마땅한 의무였다. 빚진 자가 빚을 갚아야 하는 것처럼, 이스라엘 백성은 율법에 따라 하나님을 예배할 계약상의 당연한 의무가 있었다. 그들은 여호와 하나님을 믿고 사랑하여 율법을 지키며, 기쁨과 즐거운 마음으로 주님을 섬겨야 했다(신 6:4~9, 30:11~20).

이것은 이방인도 율법을 하나님의 구원이나 호의, 복을 받기 위한 수단으로 사용하지 않아야 함을 의미한다. 율법의 의를 행위로 추구하기보다, 하나님의 은혜와 진리가 충만한 예수 그리스도를 믿음으로 하나님의 의를 얻어야 한다(롬 3:19~30, 9:30~33). 하나님의 은혜로 의인이 된 그리스도인이 율법의 요구를 완수해야 하는 것은 마땅하다. 이는 전화 서비스를 받으면 그 서비스에 대한 요금을 마땅히 지불해야 하는 것과 같다. 그러므로 우리는 율법의 행위에 신뢰를 두지 않으며, 선행을 자랑하지 말아야 한다.

2.
율법주의적 예배

신약의 백성은 하나님께 성령으로 예배를 드린다. 성령의 새로운 예배 방식은 구약의 율법이 그리스도인의 예배에서 어떤 역할을 하는지 중요한 의문을 제기한다. 그리스도인은 율법의 행위가 아니라 예수 그리스도를 믿음으로 구원받았다는 점을 감안하면, 율법을 지켜야 하는가? 율법에 어떻게 접근해야 하는가? 이 질문들은 신앙과 율법 사이의 긴장을 살펴보고, 율법에 대한 접근 방법을 탐구한다.

기독교 내에는 율법주의에서 반법주의(antinomianism)에 이르기까지 율법에 대한 다양한 관점들이 존재하며, 그 사이에는 더 온건한 입장들이 있다. 율법주의는 구약의 율법을 준수해야 할 의무가 있다고 주장하고, 예배에서 율법을 따를 것을 강조한다. 반면, 반법주의는 하나님의 은혜와 예수 그리스도를 믿음으로 구원을 받았기 때문에 율법을 거부한다. 우리는 율법주의와 반법주의를 모두 고찰하고, 이러한 교리적 입장들과 그에 따른 예배를 살펴볼 것이다.

📖 율법주의

사람이 종교와 신앙을 가지고 있으나 성령을 받지 않았을 때, 이 자연인은 예수 그리스도의 복음에서 베일로 가리어 있어 주의 영광을 볼 수 없다(고후 4:3~4). 영적 맹인은 성령이 그리스도를 통해 계시하신 하나님의 위엄과 권능을 이해할 수 없다. 그 결과, 종교인은 알지 못하는 하나님을 신비 속에서 예배한다.

예수 그리스도의 복음을 모르는 사람은 영적 근시안을 가지고 있어 율법 아래에서 오직 문자만 본다. 율법의 문자는 율법의 표면적이고 초보적인 면이며, 율법주의는 율법에 대한 하나님의 뜻과 목적을 이해하지 못한 채 문자에 엄격하게 집착하는 것이다.

그리스도 예수를 믿지 않는 유대인과 같이, 율법주의자는 의의 율법을 추구한다(롬 9:31). 그들은 율법의 문자가 요구하는 바를 따라 주님을 섬긴다. 그리고 그들은 예수 그리스도의 은혜 대신 모세의 율법을, 그리스도 대신 자신을, 그리스도에 대한 믿음 대신 자신의 율법의 행위를 의지한다. 그리스도 예수를 통해 믿음으로 받는 하나님의 의에 대하여 무지하기 때문에 율법을 지킴으로 자신의 의를 얻으려 노력한다.

신약 성경에서 율법주의자의 예로는 누가복음 18장 9~12절에 언급된 바리새인과 요한복음 5장 5~18절에 나오는 유대인들이 있다. 바리새인은 금식과 십일조를 행함으로 얻은 자신의 의를 하나님께 자랑했다. 한편, 유대인들은 안식일에 38년 동안 무기력으로 고통받던 병자를 치유했다고 예수님을 핍박했다. 그들은 고침을 받은 사람이 자리를 들고 걸어가자 안식일을 범했다고 비난했다.

기독교 율법주의

신약 성경의 초대 교회에서 율법주의는 구약의 율법과 예수 그리스도에 대한 믿음을 섞은 혼합주의였다. 율법주의자는 그리스도를 믿는 신자가 구원받기 위해서는 율법의 일정한 요건을 실행해야 한다고 생각했다. 예를 들어, 신자는 구약의 할례를 실천하고 율법의 성일들을 지켜야 한다고 주장했다(행 15:1, 5; 갈 4:10, 5:2~3). 그러나 하나님의 구원은 율법의 행위가 아니라 그리스도를 믿음으로 받는 것이다(롬 3:28; 갈 2:16).

오늘날 많은 기독교인들은 초기 신자들이 그랬던 것처럼, 기독교와 유대교를 혼합한 율법주의에 빠져 있다. 현대의 율법주의자는 예수 그리스도에 대한 믿음에 율법의 규칙과 규정을 추가한다. 기독교 예배에서 율법주의적 요소는 성일, 지상의 성소, 성직 자제, 십일조와 헌금, 음식법 등 구약의 율법을 포함한다.

대다수의 기독교 지도자들은 구약의 율법 중에 도덕적인 부분이 오늘날에도 여전히 기독교인에게 구속력이 있다고 주장하고, 율법 중 일부, 특히 안식일 혹은 주일 성수와 십일조 법을 교인들에게 강요한다. 그들은 "주일을 성일로 거룩하게 지키고 교회에 십일조를 내면 하나님의 축복을 받는다"라고 말한다. 순진하고 의심하지 않는 교인들은 이러한 구약의 율법을 쉽게 받아들이고, 그 아래 자신을 두고, 하나님의 축복을 받기 위해 율법을 지킨다. 그리하여 주일 예배에 참석하고 교회에 십일조를 바치는 것이 바람직한 기독교인의 특징이 되었다.

교회 지도자들은 율법을 도덕적, 사법적, 의식적 세 가지 범주로 나눌 수 있다고 주장한다. 그러나 이러한 구분은 자의적이다. 어떤 법이 어떤 범주에 속하는지 어떻게 결정할 수 있을까? 예를 들어, 안식일과 십일조에 관한 법은 어떤 범주에 속할까? 이 법들은 도덕적, 사법적, 의식적 의미를 모두 가지고 있으므로 서로 다른 범주로 명확하게 분리할 수 없다.

더욱이 하나님은 율법을 명백히 구분하시지 않는다. 기본적으로 율법은 하나이며, 주 하나님과 이웃을 사랑하라는 것이다(마 22:37~40). 게다가 예수 그리스도께서 도덕법을 포함한 구약의 모든 율법을 완성해 주셔서, 신자가 성령에 의해 율법을 완성할 수 있게 하셨다(롬 8:3~4). 그러므로 구약의 율법 중 도덕법이 그리스도인에게 구속력이 있다는 주장은 잘못이다.

일부 사람은 기독교를 문화로 받아들이고, 어떤 사람은 하나님의 기적을 믿는 것이 그리스도인의 믿음인 줄 안다. 또 다른 사람은 예수 그리스도에 대해 피상적이거나 지적인 믿음을 가진다. 이러한 사람들은 교회에 다니나 성령의 인도가 없어 예배의 지침을 율법과 인간의 전통에 의존한다.

어떤 율법주의자는 기독교인의 신앙생활에 인간의 규칙과 법을 부과한다. 그들은 특별한 성경 번역본, 가족 예배, 식사 전 기도, 성경을 여러 번 읽기, 성경의 필사를 요구한다. 또한 일부는 술, 담배, 춤, 세속적인 음악 등을 금지한다. 이러한 규칙과 법은 그들의 종교 생활을 지배한다.

📋 율법주의의 문제점과 해결책

"율법에 무슨 문제가 있나요?"라고 질문할 수 있다. 절대로 그렇지 않다! 우리는 율법이 거룩하고 의롭고 선하다는 것을 알고 있다. 그렇다면, 그리스도인의 예배를 위해 율법을 가르치고 지키는 것은 무엇이 잘못일까?

문제는 율법이 그리스도인의 예배에서 율법주의적으로 사용될 때 발생한다. 율법주의는 예수 그리스도의 복음에 율법을 추가하거나, 그리스도인에게 인간의 전통과 법을 요구하는 것을 포함한다. 예수 그리스도를 믿는 신앙으로 시작한 후, 율법이나 인간의 전통과 법에 따라 그리스도인의 삶을 사는 것은 복음을 부정하는 것이다. 사실, 율법이나 인간의 전통, 혹은 인간의 법과 혼합한 복음은 복음이 아니다(갈 1:6~7). 종교 혼합주의는 이단이다.

예수 그리스도의 복음에 구약의 율법을 더하는 것은 새 포도주를 낡은 가죽 부대에 넣는 것과 같다. 복음과 율법을 혼합해서는 안 되며, 양립시켜도 안 된다. 율법은 행위를 요구하지만, 복음은 믿음을 요구한다. 그리스도에 대한 믿음과 율법의 행위는 상호 배타적이다. 그리고 율법은 죄인을 죽음으로 정죄하는 반면, 복음은 죄인을 구원한다.

그러므로 새 포도주는 새 부대에 넣는다(막 2:22). 신약의 백성은 율법의 낡음이 아니라 성령의 새로움으로 주님을 섬긴다(롬 7:6). 하나님의 영으로 크리스천 신앙과 생활을 시작한 우리는 율법의 행위가 아니라 성령에 의해 완성되고 있다(갈 3:3).

율법주의의 문제점은 율법, 그리스도, 그리스도인의 예배에 대한 포괄적인 이해를 통해 해결될 수 있다. 첫째, 율법은 약하고 구식이므로 그리스도인의 예배에 쓸모가 없다. 율법은 인간의 약함 때문에 의와 영생과 예배의 방식으로 약하다.

율법에 대한 하나님의 뜻은 자기 백성이 그 요구 사항을 다 이행하는 것인데, 육신의 사람은 약하다(롬 8:3). 그들은 먼지이며(창

3:19), 먼지처럼 약하고 연약하여 율법을 다 이행할 수 없다. 율법의 문자적, 표면적인 요구를 이행할 수 있는 사람은 있어도, 율법에 담긴 하나님의 뜻을 완벽하게 이행할 수 있는 사람은 없다. 이스라엘인과 유대인 모두 율법을 완전히 지키지 못했다(행 15:10). 우리 이방인도 실패한다.

그러므로 모든 사람이 죄 아래에 있다(롬 3:9). 우리가 스스로 율법을 지키려고 할 때, 율법을 통해 죄와 사망을 알게 된다(롬 7:7~24). 율법은 우리에게 의나 생명을 주지 않고 우리를 저주한다(갈 3:10). 율법과 죄 아래에서 우리의 삶은 실패와 정죄와 죽음이며, 우리의 마음에는 사랑도 평화도 기쁨도 없다. 우리는 가난하고 비참하며 불쌍하다. 그리고 우리는 세상에서 무력하고 절망적이다.

성일과 십일조의 법을 지킴으로써 하나님의 호의를 요구하는가? 율법의 행위로 하나님을 기쁘시게 하려 한다면, 당신은 여전히 율법과 죄 아래에 있다. 당신은 그리스도와 단절되어 하나님의 은혜로부터 떨어졌다(갈 5:4). 히브리서 11장 6절에 의하면, 믿음으로 하나님을 기쁘시게 한다. 예수 그리스도를 믿었을 때, 당신은 율법과 죄로부터 자유로워졌다. 왜 다시 율법과 죄의 노예로 돌아가려 하는가?

사도 바울은 율법을 통해 얻은 자신의 의를 그리스도를 통해 얻은 하나님의 의에 비해 쓰레기로 여겼다(빌 3:7~8). 우리는 율법의 행위가 아니라 그리스도에 대한 믿음을 통해 하나님의 은혜로 구원받았다는 사실을 기억해야 한다(롬 3:28; 엡 2:8~9). 성경은 "의인은 믿음으로 살리라."라고 말씀한다.

율법의 한두 부분을 지키면 율법 전체를 지켜야 할 의무가 있다(갈 5:3). 하나님의 율법 전체를 지킬 수 있는가? 법 하나만 어기면 전체를 어기는 죄가 된다(약 2:10). 사형에 처해질 것이다. 율법과 예배에 대한 율법주의적 접근은 죽음으로 이어진다. 율법에 따라 바치는 제물과 봉헌물은 결코 죄를 없앨 수 없기 때문에, 율법은 죄와 죽음으로 멸망하는 사람들을 구원할 수 없다(히 10:4, 11). 율법은 무력하다.

더욱이 율법은 예수 그리스도가 오실 때까지 임시방편에 불과했다(갈 3:17~25). 이제 약속되었던 그리스도가 오셔서 성령의 신약을 세우셨다. 그리스도가 율법의 요구 사항을 모두 이루시고 더 나은 신약으로 대체하셨을 때, 구약의 율법은 기한이 끝나 그리스도인의 예배에 효용이 없게 되었다(히 8:6~13).

그리스도 예수님은 율법의 옛 예배 방식을 성령의 새로운 방식으로 바꾸셨다. 율법의 문자의 부분적인 것들은 가고, 그리스도의 완전한 것들이 왔다. 그리스도의 완전한 것들이 율법의 불완전한 것들을 대체했다. 그러므로 율법은 약하고 구식이고 쓸모없기 때문에, 우리는 그것을 제쳐 두어야 한다(히 7:18). 장난감을 가지고 놀던 어린 아이가 어른이 되면 장난감을 버리는 것과 같다.

둘째, 율법은 그리스도인의 예배의 지침이 아니다. 그리스도의 천국 표준이 율법의 초등 표준을 대체했기 때문이다. 그리스도가 우리를 율법에서 자유롭게 하셨으므로(갈 5:1), 우리는 율법의 초보 원칙을 순종할 필요가 없다.

하나님께서는 신약의 백성이 율법을 성령으로 완성하기를 기대하신다. 하늘에 계신 우리 아버지가 완벽하시듯이 우리도 완벽하기를 요구하신다. 천국에 들어가기 위해서는 율법주의자의 의를 능가하는 하나님의 의를 가져야 한다(마 5:20). 우리는 성령의 사랑과 권능으로 율법을 다 이룰 수 있다(롬 13:8~10).

마태복음 5장 21~48절에서 예수님은 그리스도인에게 천상의 완벽한 표준을 가르치신다. 예를 들어, 율법에서 하나님은 "살인하지 말라"라고 명령하신다. 이 법의 문자에 따르면 우리는 인간의 생명을 빼앗지 말아야 한다. 그리스도에 따르면 우리는 동료 인간을 사랑해야 하며, 그들에게 화를 내지 말아야 한다. 율법은 "간음하지 말라"라고 말한다. 우리는 몸뿐만 아니라 마음으로도 간음해서는 안 된다. 율법은 "네 이웃을 사랑하고 네 원수를 미워하라"라고 말하지만, 우리는 원수까지도 사랑해야 한다.

더욱이 율법은 단지 그리스도의 실체의 그림자에 불과하다(골 2:16~17; 히 10:1). 율법에 따른 지상의 예배는 그리스도에 따른 천상의 예배의 사본이다. 율법의 자연적인 것들은 그리스도의 영적인 것들의 상징이다. 이제 예수 그리스도가 하나님의 진리를 계시하셨으므로, 우리는 율법이 아니라 그리스도를 바라보며 예배한다.

셋째, 율법은 규정된 상징과 형식을 가진 종교 의식을 요구한다. 그것은 또한 돌판에 새겨졌다. 결과적으로, 율법에 따른 예배는 의식적이고 상징적이며 형식적이다. 이것은 그리스도에 따른 참되고 영적인 예배와 대조된다. 예수 그리스도의 복음은 그리스도 안에 있는 새로운 사람의 마음에 하나님의 영으로 기록된다(고후 3:3). 그리스도인은 성령의 마음으로 예배한다(엡 5:18~21).

그러므로 그리스도인의 예배에 대한 율법주의적 접근은 예수 그리스도의 복음에 반하며 잘못이다. 교회의 율법주의적 교사들은 여러분이 예수의 진리로부터 눈을 돌리게 한다. 그리스도에 따른 참되고 영적인 천국의 예배로부터 율법에 따른 초보적이고 자연적인 예배로 인도한다. 그들에게 속지 말라. 그들은 여러분이 죄와 사망으로 이어지는 율법을 따르기를 원한다. 여러분이 성령의 자유와 영생으로 하나님을 예배하는 것을 막는다.

율법주의의 해결책은 예수 그리스도이다. 그분을 통해 율법주의적 예배가 참된 예배로 변화될 수 있다. 율법은 기본적이고 불완전한 반면, 신성함과 완전함은 오직 그리스도에게서만 발견된다(골 2:9~10). 그러므로 율법에서 돌이켜 주 예수께 향하여 하나님의 진리와 은혜를 보면, 율법이 아니라 그리스도에 따라 예배하게 된다. 우리는 율법의 속박에서 벗어나 그리스도를 통하여 성령으로 하나님을 예배한다.

반법주의의 문제점과 해결책

율법에 대한 또 다른 극단적인 접근법은 반법주의이다. 반법주의자는 예수 그리스도의 복음을 여러 가지 방식으로 오해하고 율법을 거부한다. 그리스도인은 하나님의 은혜 아래 있기 때문에 율법은 무효하다고 믿는다. 어떤 사람들은 로마서 6장 14절과 갈라디아서 5장 18절에 있는 "너희는 율법 아래에 있지 않다."라는 구절을 은혜 아래서 율법이 폐지되었다는 의미로 해석한다.

그러나 이 구절은 그리스도의 은혜 아래에서 율법의 속박에서 벗어난 자유를 말한 것이지, 율법의 폐지를 말한 것이 아니다. 예수 그리스도께서는 율법을 폐하거나 바꾸러 온 것이 아니라 그것을 완성하려 왔다고 말씀하셨다(마 5:17~18). 그분은 우리의 죄를 위하여 죽으셨고, 율법을 완성하셨고, 우리를 율법의 저주와 속박에서 해방시켜 주셨다.

사실, 예수 그리스도를 통해 나타난 하나님의 은혜는 우리가 율법을 완성할 수 있게 한다. 예수님은 마태복음 5장 17~20절에서 예수 그리스도 안에 있는 믿음을 통해 하나님의 은혜로 구원받은 자들에게 율법이 여전히 유효하다고 선언하셨다. 믿음이 율법을 무효로 하지 않으며, 신자는 율법을 확립한다(롬 3:31). 그리스도가 십자가에서 죽으심으로 율법을 완성하시어, 신자들이 성령에 의해 율법의 요구를 성취할 수 있게 하셨다(롬 8:3~4). 성령의 능력, 자유, 사랑은 우리가 율법을 완성할 수 있도록 힘을 준다(롬 13:8~10; 갈 5:13~14).

사도 바울은 로마서 10장 4절에서 "그리스도는 율법의 끝이시니, 믿는 모든 사람에게 의가 되기 위함이라."라고 말한다. 이는 그리스도가 율법을 폐지하셨다는 의미가 아니라 오히려 율법을 완성하셨다는 것이다. 율법은 그리스도가 오시기까지의 후견인으로(갈 3:24), 율법의 목표 또는 완성으로서 그분을 가리킨다. 그리스도가 오셨으므로 이제 신자들은 그분을 통해 하나님의 의를 받았다.

일부 율법폐지론자는 율법으로부터의 자유를 무법으로 오해한다. 그들은 그리스도인의 자유를 제멋대로 사는 권리로 바꾼다. 율법을 포함한 모든 것의 주인으로 어떤 것에게도 순종하지 않고, 자신의 자유를 정욕과 욕망의 육체를 섬기는 데 사용한다.

율법에서 독립하여 자기 마음대로 산다면 죄와 죽음의 노예가 된다. 그리스도인의 자유는 느슨한 삶, 방탕한 생활, 자유분방함을 위한 자유나 죄짓는 자유가 아니라, 하나님을 사랑하고 예배하며 섬기는 자유이다. 그리스도는 우리를 율법과 죄에서 해방시켜 거룩한 삶을 살도록 하셨다. 우리는 성령을 따라 살고, 육체의 욕망을 충족시키지 않는다(갈 5:16).

또 다른 반법주의자는 죄인을 위한 하나님의 풍성한 은혜를 더 많은 죄를 짓기 위한 정당한 이유로 오용한다. 그들은 예수 그리스도를 믿지만, 죄를 더 많이 지을수록 더 많은 은혜를 받을 것이라고 믿고 죄 가운데 산다. 그러나 사도 바울은 죄 가운데 사는 것이 신자에게는 불가능하다고 말한다(롬 6:1~4). 그리스도인은 그리스도와 함께 죄에 대하여 죽고 그와 함께 의의 새로운 삶으로 부활했다. 우리는 더 이상 죄 가운데 살지 않는다(요일 3:5~9). 하나님의 은혜를 더 받기 위해 계속 죄를 짓지 말라고 촉구한다.

반법주의에 대한 해결책은 예수 그리스도께서 나타내신 하나님의 은혜와 진리이다. 하나님은 죄인들을 자신의 은혜로 구원하시고, 우리가 성령으로 율법을 사랑하고 완성할 수 있도록 능력을 주신다. 참 자유는 우리가 예수 그리스도의 진리를 순종하고, 온 마음으로 하나님을 사랑하고 예배하고 섬길 때만 비로소 발견된다. 요한복음 8장 32절은 "…진리는 너희를 자유롭게 할 것이다."라고 말씀한다. 신자로서 우리는 죄와 사망에서 자유를 얻어 하나님을 사랑하고 예배할 자유가 있다.

3.
그리스도에 따른 예배

📖 성령이 인도하는 예배

예수 그리스도에 따른 신약 예배에서는 성령님이 거룩함을 규정하고, 백성이 하나님의 뜻에 따라 예배할 수 있도록 인도하신다. 성령님은 하나님의 지혜와 능력이시다. 그분이 주의 영광과 은혜와 진리를 나타내시고, 하나님을 예배하도록 가르치시며, 능력을 주신다. 그런 점에서, 그리스도인의 예배는 우리 자신의 행위가 아니라 우리 안에 계신 성령의 행위이다.

그러므로 그리스도인의 예배는 전례(liturgy)가 아니다. 'liturgy'라는 영어 단어는 사람의 봉사를 의미하는 그리스어(leitourgia)에서 왔다. 인간의 종교 의식을 통해 하나님께 예배 봉사하는 교회들은 그들의 공적 예배를 묘사하기 위해 전례라는 용어를 사용하고(예를 들면, 말씀 전례와 성찬 전례), 의식을 통해 하나님의 은혜를 받는다고 믿는다. 그러나 그리스도인의 예배는 의식을 통해 은혜를 받기 위한 사람의 일이 아니다. 그리스도를 통해 받은 하나님의 은혜와 구원에 대한 당연한 대응으로서 성령에 의한 그리스도인의 봉사이다.

📖 참된, 천상의, 영적인 예배

예수 그리스도는 하나님의 진리와 은혜로 충만하시며, 그것들을 계시하시고 실현하신다. 그 결과, 우리는 주 예수께로 향하여 주의 영광을 바라보고 믿어 그분에게 있는 진리를 순종하여 은혜를 받았다(요 1:14~18; 골 1:19, 2:9).

그리하여 그리스도인은 그리스도의 계시에 따라 하나님께 참된 예배를 드린다. 우리가 진리의 영으로 충만할 때, 하늘에 높이 들린 주의 거룩함과 영광을 바라보면서 그분의 임재와 계시 속에서 하나님을 예배한다. 예를 들어, 성령으로 충만한 스데반 집사는 하늘을 우러러 주목하여 하나님의 영광과 하나님의 우편에 서신 예수님을 보았다(행 7:55~56). 사도 요한은 성령으로 하늘이 열리고 하늘 보좌에 앉으신 주님과 천상의 예배를 보았다(계 1, 4, 5장).

또한, 그리스도에 따른 예배는 천상의 예배이다. 하늘의 대제사장이신 그리스도는 우리의 죄를 위해 자기 자신을 희생 제물로 바치어 영원한 구원을 이루시고, 하늘의 성소에 들어가서, 우리를 위하여 사역하신다(히 8:1~2, 9:11~14, 24). 이러므로 우리의 몸은 당분간 지상에 머물러 있지만, 우리의 영은 그리스도를 통해 하늘의 성소에 들어가 예배한다. 그리스도인의 예배는 율법에 따른 예배에 있는 지상의 성일, 성소, 성직자, 제물의 구별, 경계, 한계를 초월한 천국 예배이다.

우리 주 예수 그리스도는 백성 가운데 천국을 세우셨다. 왕이신 주님은 현재 신자 안에 거하시는 성령을 통해 우리와 함께 계신다(마 18:20). 천국은 이미 현재의 현실이지만(마 12:28; 눅 17:20~21), 아직 완전히 실현되지는 않았다(롬 8:18~25; 요일 3:2~3). 그리스도인은 장래에 완전히 실현될 하늘나라를 소망하고 있다.

게다가 그리스도에 따른 예배는 영적이다. 그리스도인은 성령에 의해 성화된 영적 예배자이다. 그리스도를 통해 영적인 성소(고전 3:16, 6:19; 벧전 2:5)에 들어가 성령으로 영적 제물을 하나님께 바친다(벧전 2:5). 영적 예배는 성령으로 충만하여 사랑과 경배와 감사를 영과 마음으로 표현하는 것이다(고전 14:15; 엡 5:18~21). 그것은 종교 의식을 행하거나 몸으로 하나님께 찬송하고 기도하는 형식적인 의식과 육적 행동을 넘어선다. 크리스천 사역자는 영으로 주님을 섬긴다(롬 1:9).

요약하면, 그리스도에 따른 예배는 참되고 천국적이며 영적이다. 이는 율법에 따라 드리는 예배에 있는 초보적이고 지상적이며 자연적인 예배와 구별된다.

📜 그리스도에 따른 예배의 원칙

위에서 정의한 그리스도에 따른 예배에 대한 이해를 가지고, 하나님이 성경과 예수 그리스도를 통해 계시하신 예배의 원칙을 분명하게 말한다. 이 원칙들은 크리스천 예배의 기반을 형성하고 예배의 실제를 인도한다.

첫 번째 원칙: 오직 주 하나님만을 예배한다.
하늘과 땅의 주가 우리의 하나님이시며, 유일한 하나님이시다(신 4:35, 6:4; 고전 8:4~6). 주 하나님이 예배의 참된 대상이며, 우리는 다만 그분을 예배한다(신 6:13; 마 4:10). 다른 신이나 우상을 예배하거나 섬겨서는 안 된다(출 20:2~6).

주 하나님은 거룩하여 이 세상을 초월하신다. 그분은 하늘에 계시며, 우리는 그분을 찾기 위해 하늘에 올라갈 수 없다. 그분은 영이시므로 우리 눈에 보이지 않고, 그분을 본 사람은 없다(요 1:18; 딤전 6:15~16). 인간은 이성, 지성, 영성, 철학, 신학을 통해서 하나님을 탐구하지만 그분을 알 수 없다.

그럼에도 불구하고, 사람들은 성경과 신학을 공부하거나 영적 수행들을 통해서 초월적인 하나님을 찾는 등 다양한 방법으로 그분을 알기 위해 노력한다. 그러나 어느 것도 하나님에 대하여 완전한 이해를 제공하지 못한다.

하나님을 아는 지식은 창조된 세상과 성경에 나타난 하나님의 계시를 연구하는 것으로 얻을 수 없다. 자연은 모든 사람에게 창조주의 속성을 보여 알려 주지만(행 17:22~28; 롬 1:19~20), 그분에 대한 부분적인 지식만을 제공한다. 자연 계시에 대한 합당한 반응은 창조주 하나님을 찾고, 예수 그리스도를 통하여 주 하나님을 아는 것이다. 세상이 증거하는 창조주 예수께로 향하지 않으면, 자연에서 얻은 하나님에 대한 지식은 피조물(예: 태양, 산, 인간, 동물)을 우상으로 예배하고 불경건과 불의를 행하는 오류로 이어진다(행 14:11~15; 롬 1:18~25).

사람들은 성경에서 하나님의 지식을 얻는 줄 생각하고 성경을 공부하지만, 성경이 증언하는 예수 그리스도를 만나 보지 않으면 하나님을 확실히 알 수 없다. 이는 신분증이 가리키는 그 사람을 직접 만나 보아야 명확히 알 수 있지만, 신분증 문서만 공부하면 그 사람을 분명히 알 수 없는 것과 마찬가지다. 성서는 예수의 신분증명서이며, 예수가 하나님의 아들 그리스도임을 증명한다(요 20:30~31; 행 9:20~22).

하나님의 뜻은 성경에 기록된 예수에 대한 증언을 듣고, 예수님을 직접 만나 보고 믿음으로써 하나님을 알고 영생을 얻는 것이다(요 6:40, 12:45). 따라서 예수에 대한 성경의 증언을 듣고, 눈을 들어 성경 너머 하나님의 아들 그리스도를 바라보고, 믿음으로 죄 사함을 받고 약속된 성령을 받아 영생을 얻는다(행 2:38).

예를 들어, 성경에서 예수님이 물을 포도주로 변화시킨 증언을 들으면(요 2:1~11), 눈을 들어 기적을 행하신 주의 영광을 보고 예수가 성자 그리스도이심을 믿는다. 예수님의 십자가와 부활은 성령의 능력으로 예수가 하나님의 아들이심을 나타낸다. 우리는 직접 성자의 영광을 보고 믿음으로 하나님을 알게 된다. 그러나 예수님의 기적을 보면서 과학적으로 이해하려고 한다면, 우리는 불신의 암흑 속에서 멸망한다. 세상의 지혜로는 하나님을 알 수 없다(마 11:25; 고전 1:21, 2:6~9).

이와 같이, 하나님을 명확히 알려면 성령에 의한 예수 그리스도의 계시가 반드시 필요하다(마 11:25~27; 엡 1:17). 하늘의 하나님이 죄인을 구원하시려고 예수 그리스도를 세상에 보내시어, 예수님은 우리에게 나타나서 하나님의 영광과 은혜와 진리를 보여 주셨다(요 1:14, 18; 히 1:1~3). 그리스도 예수의 계시를 보고 믿는 자는 하나님을 분명히 안다(요 1:14, 14:7~9; 행 9:3~6).

그러나 예수 그리스도를 통해 나타난 주의 영광을 보지 않으면 하나님을 알 수 없다. 성경을 공부하여 하나님에 관한 부분적인 정보는 얻을 수 있지만, 인간의 이성과 지성을 초월하는 하나님을 알지 못한다. 예수 그리스도에 관한 성경 지식으로 인간이 만든 종교가 기독교이다.

하나님은 무지 속에서 종교적 열성으로 많은 예배와 봉사를 드리는 자가 아니라, 예수 그리스도를 믿음으로 하나님의 지식을 얻은 참된 예배자를 찾으신다. 하나님은 그리스도 예수의 계시에 따라 드리는 예배를 기뻐 받으신다.

불신자의 마음은 베일에 가려져 있어 하나님의 진리를 보지 못한다. 우리도 전에는 하나님을 알지 못하고 어리석은 자로 율법과 같은 세상의 초보 원칙 아래 있었다. 이 세상의 신들과 육신 안에 있는 죄의 노예가 되어 죄와 죽음 속에서 멸망하고 있었다. 그러나 하나님께서는 구세주 예수를 통해 우리에게 복음을 전해 주셨다.

우리가 십자가의 메시지를 듣고 회개하여 주께로 향하면 그 베일이 벗겨진다(고후 3:16). 그리스도 예수를 통해 나타난 하나님의 영광의 빛이 우리 마음의 눈을 밝혀 주의 영광을 보게 한다(고후 4:6). 우리는 주의 영광을 직접 보고 예수 그리스도를 확신하며, 만물의 주가 우리의 하나님이심을 알게 되었다. 하나님의 신비, 곧 그리스도 예수에 관한 통찰력을 얻었고(요 1:14~18; 엡 3:2~3; 골 2:2), 주 하나님을 아는 지식으로 그분만을 예배한다(렘 31:33~34; 요일 2:20~21).

반면에, 하나님에 관하여 듣기는 했지만 그분을 명확히 알지 못하는 종교인은 예배 대상을 이해하지 못한다. 그들은 알지 못하는 하나님을 예배하고, 저마다 자기만의 예배 형태를 만든다. 그들의 개념과 기술을 바탕으로 상징과 형상을 만들고, 그런 상징물을 공경한다.

인간이 만든 상징물을 통해 하나님을 예배하는 것은 광야에서 히브리인들이 금송아지를 예배했던 것(출 32:1~4)과 비슷한 오류이다. 영이신 하나님을 인간의 창의력이나 예술적 표현으로 예배하는 행위는 우상 숭배이다. 우상 숭배자는 종교적 성물과 성인을 높이 평가하여 그들에게 존경을 표한다.

두 번째 원칙: 하나님의 아들 예수 그리스도를 통해 주 하나님을 예배한다.

예수님은 하늘에 계신 하나님께 가는 길이시고(요 14:6), 신약의 중재자이시다(딤전 2:5; 히 8:6). 하나님께 가는 새로운 길을 열기 위해 예수님이 십자가에 들리셨으므로, 우리 마음의 시선은 항상 예수님께 고정되어 있다. 은혜와 진리가 충만한 그분의 영광을 본다. 그리스도를 통해 우리는 확신을 가지고 하나님의 성소에 들어가 예배를 드린다.

히브리서 10장 19~22절은 증언하고 있다.
"그러므로 형제들아, 우리가 예수의 피로 말미암아 성소에 들어갈 담력을 가지고 있으니, 그 길은 우리를 위하여 휘장 곧 그의 육체를 통하여 그가 열어 놓으신 신선하고 살아 있는 길이라. 그리고 우리에게는 하나님의 집을 다스리는 위대한 제사장이 계시니, 우리 마음은 뿌림을 받아 악한 양심으로부터 씻어 깨끗하게 되었고, 우리 몸은 순수한 물로 씻겨졌으므로, 신앙의 확신을 가진 참 마음으로 하나님께 가까이 가자."

크리스천 예배에서 우리는 하나님께 다른 방식으로 접근하지 않는다. 율법이나 상징과 형상, 혹은 인간의 전통과 법을 바라보지 않는다. 또한, 우리 자신의 선행이나 종교 의식에도 의존하지 않는다. 대신에, 우리는 오직 그리스도 예수와 그분이 십자가에서 이루신 일만을 신뢰한다. 사제나 목사, 상징, 종교 의식, 자기 의를 통해 하나님께 접근하면 길을 잃고 어둠 속에서 멸망한다.

그리스도를 통해 드리는 예배는 세 가지 의미를 지닌다. 먼저, 그리스도를 믿는 믿음으로 드리는 예배이다. 십자가에 높이 들리신 주님께 향하여 그분의 영광과 권능을 바라보고 그분을 믿을 때, 신자는 의롭게 되어 하나님께 기쁨이 된다. 하나님은 그리스도의 믿음으로 드리는 예배를 기쁘게 받으신다.

다음으로, 예수의 이름으로 드리는 예배이다. 우리가 예수의 이름으로(요 14:13; 골 3:17) 하나님을 예배하고 기도하는 이유는 무엇인가? 그리스도 예수를 자랑하기 때문이다(빌 3:3). 그분을 알기

전에 우리는 어리석게 우리 자신을 신뢰했고, 우리 자신의 업적과 선함을 자랑했으며, 죄와 사망의 상태에서 살았고, 이 세상에서 절망적이고 무력했다.

예수 그리스도께서는 우리가 할 수 없는 일을 하셨다. 우리의 죄를 위하여 십자가에 못 박혀 죽으시고, 장사되었다가, 사흘 만에 부활하셨다. 하나님은 예수의 사역을 통해 우리를 구원하셨다. 그리스도를 통해 우리는 성령과 영생을 받았다. 그분의 사역은 우리가 하나님을 사랑하고 예배할 수 있게 해준다. 그러므로 우리는 오직 그리스도의 십자가만을 자랑한다(갈 6:14). 크리스천 예배에서 우리는 자신이 아니라 그리스도 예수께 영광을 돌린다.

하나님 아들이 영광을 받으실 때, 하나님 아버지께서도 영광을 받으신다(요 13:31, 14:13). 그러므로 우리는 말과 행동에서 예수 그리스도의 이름으로 모든 것을 행하여 아버지께서 아들을 통해 영광을 받으시도록 한다. 예수의 이름으로 성령 침례 혹은 세례(씻음)를 받은 사람에게 물 침례를 시행하고(행 10:48), 형제자매들이 하나님께 영광을 돌리는 방식으로 살도록 격려한다(고전 1:10; 살후 3:6). 우리는 예수 그리스도의 이름으로 모든 것에 대하여 아버지께 찬양과 감사와 기도를 드린다.

마지막으로, 그리스도를 통하여 예배하는 것은 우리 자신의 힘이나 세상의 힘이 아니라, 하나님의 아들 예수 그리스도의 권능으로 하나님을 섬기는 것이다. 그리스도의 사역자는 하나님의 영광을 위해 예수 그리스도의 전능하신 이름으로 기적, 기사, 표적을 행한다(예: 눅 10:17; 행 3:6, 16:16~18).

그리스도인이 하나님을 어떤 방법으로 예배해야 하는지 생각해 본 적이 있는가? 참 예배는 단순히 그리스도인들이 일요일에 이행하는 종교 의식이 아니라 예수 그리스도를 통해 성령으로 드리는 영적 예배이다.

세 번째 원칙: 성령으로 주 하나님을 예배한다.

예수님은 요한복음 4장 23~24절에서 참된 예배자는 영과 진리로 예배한다고 가르치신다. 이는 진리의 영(요 14:17, 15:26), 즉 성령으로 예배한다는 의미이다. 하나님은 예수 그리스도를 믿는 자에게 신약으로 계약하신 성령을 선물로 주신다(행 2:38). 예수님은 요한복음 4장 21~24절에서 성령으로 예배하는 신약 시대가 도래했음을 선포하신다. 사도 바울은 그리스도인이 율법에 따라 예배하지 않고 성령으로 주님을 섬긴다고 증언한다(롬 7:6; 고후 3:6; 빌 3:3).

성령이 그리스도인 예배의 방법이자 능력이시다. 우리는 성령의 도우심으로 예배하고 기도한다(롬 8:26~27; 엡 5:18~21; 유 1:20). 성령은 신자를 성화하여 하나님께 거룩하게 하시고, 주의 영광을 나타내시고, 예배자를 가르치시고 인도하신다. 그분은 성도에게 참되고 천상적이며 영적인 예배를 드릴 수 있는 능력을 주신다.

따라서 성령님이 내재하는 자는 하나님의 뜻대로 예배할 수 있고, 율법을 완수할 수 있다. 성령이 없는 자는 하나님을 진실로 예배할 수 없다. 사실, 성령님의 도움 없이 우리가 주도하면 하나님의 예배에 대해 아무것도 할 수 없다.

성령으로 예배하는 것은 네 가지 의미를 포함한다. 첫째, 성령의 평화와 사랑과 기쁨으로 예배하는 것이다. 둘째, 성령으로 충만한 마음으로 예배하는 것이다(엡 5:18~21). 성령님은 신자의 마음을 하나님에 대한 찬양과 감사로 채우시며, 크리스천 예배는 신자의 마음에서 넘쳐난다. 그리스도인은 마음과 영과 혼을 다해 예배하고 기도한다. 셋째, 성령에 의해 성화된 영적 제물을 하나님께 바치는 것이다(롬 15:16; 벧전 2:5).

넷째, 성령으로 예배하는 것은 성령의 자유로 예배하는 것이다(고후 3:17). 성령의 사역자는 구약의 율법과 인간의 전통과 법이 규정한 성일, 성소, 성직자, 제물과 봉헌물의 제한과 속박에서 벗어나 자유롭게 예배한다. 성도는 사람을 죽이는 율법의 문자를 고수하는 대신(고후 3:6), 성령의 자유, 사랑, 권능으로 율법을 완전히 이행한다.

개인의 이익과 권리, 영광 등 육체의 것들에 얽매인 사람들과 달리, 성령의 사람은 육체의 욕망으로부터 자유롭게 되어 순수한 동기와 선한 뜻으로 주님과 다른 사람들을 섬긴다. 예를 들어, 사도 바울은 하나님의 복음을 전하는 사역을 완수하기 위해 자신의 삶을 포기한, 성령의 자유인이었다(행 20:24).

간단히 말해서, 그리스도인은 그리스도 예수를 통해 성령으로 주 하나님을 예배한다.

다음으로는, 먼저 율법에 따른 예배를 간략하게 묘사하고, 기독교 예배에서 율법주의적 요소를 밝히고 논의한 후, 그리스도에 따른 예배의 원칙을 그 실천에 적용할 것이다. 예배에 관한 우리의 이해와 표현을 형성하는 본질적이고 근본적인 문제들을 다룰 것이다. 예를 들면, 예배의 시간, 장소, 사람, 제물과 제사 방법 등 그리스도인이 예배에서 접하는 공통적인 질문과 도전을 강조할 것이다.

묵상과 예배

1. 마음을 다하고 영과 혼을 다하여 주 하나님을 찾으면 만나리라 (신 4:29).

2. 우리의 의가 율법주의자보다 더 낫지 못하면 결코 천국에 들어가지 못하리라 (마 5:20).

3. 하나님 아들이 십자가에 높이 들리어졌다. 이는 주께로 향하여 그분의 영광을 바라보고 그분을 믿는 자마다 영생을 얻게 하려 함이다 (요 3:14~15).

4. 하늘의 하나님께서 예수 그리스도를 통해 자신을 나타내실 때, 우리는 그분의 영원한 나라와 권세와 영광을 보고 그분을 알게 된다.

5. 예수 그리스도가 크리스천 예배의 초점이다. 그리스도는 주의 영광을 우리에게 계시하시고, 하나님의 은혜와 진리가 충만하시고, 우리를 하나님의 영광 앞에 세우신다. 그러므로 우리는 항상 그분에게 마음의 시선을 고정하고 하나님을 예배한다.

6. 율법에 따른 예배는 초보적이고 지상적이고 자연적이다. 반면, 그리스도에 따른 예배는 참되고 천국적이고 영적이다.

7. 천지 만물의 주께서 우리의 하나님이시며, 우리는 그분만을 예배한다.

8. 예수 그리스도를 통해 하나님을 예배한다.

9. 성령에 의하여 주 하나님을 사랑하고 예배하며 섬긴다.

2부 예배일

성일은 주 하나님을 예배하고 섬기기 위해 성별된 날이다. 사람들은 기독교 예배의 성일에 대해 질문한다.
기독교 예배일은 언제입니까?
신약의 백성도 구약의 율법에 있는 성일을 지켜야 합니까?
예수 그리스도를 믿는 사람이 안식일을 거룩하게 지켜야 합니까?
매주 예배일은 일주일 중 일곱 번째 날(토요일)입니까, 아니면 첫 번째 날(일요일)입니까?
기독교인은 안식일(토요일) 대신 주일(일요일)에 하나님을 예배해야 합니까?

이러한 질문에 답하려면 율법, 율법주의, 그리스도에 따른 예배일을 살펴볼 필요가 있다.

4.
율법에 따른 예배일

율법의 구약 시대에는 매일 예배하는 시간을 아침과 저녁으로 정했다(출 29:38~39, 민 28:1~4). 하나님은 안식일(출 20:8~11), 속죄일(레 16장), 그리고 유월절, 칠칠절, 초막절과 같은 연례 축제(출 23장; 레 23장; 신 16장) 등을 포함한 안식과 예배의 날을 성일로 규정하셨다. 하나님이 모세에게 명하신 대로 구약의 백성은 성일을 기억하여 거룩하게 지키기 위해 일을 중지하고 하나님을 예배해야 했다.

📜 안식일

히브리 달력으로 한 주의 일곱 번째 날인 안식일은 완전한 휴식과 성회를 위해 성별되었다(출 20:10~11; 레 23:3). 안식일을 거룩하게 지키기 위해 이스라엘 백성은 주중 하루 쉬는 날과 일하는 여섯 날을 구별해야 했다. 이 성일에 백성은 일에서 벗어나 쉬면서 여호와 그들의 하나님 앞에서 경축해야 했다. 성일을 더럽히는 자는 사형에 처해야 했다(출 31:14~15; 민 15:32~36).

📖 연례 축제

안식일과 속죄일 외에도 이스라엘 사람은 연례 축제의 절기를 거룩하게 지키도록 명을 받았다. 이러한 절기에서 모든 이스라엘 남자는 성회에 참석하여 여호와께 보여야 했다(출 23:14~17; 신 16:16).

율법은 달력에 정해진 예배의 성일을 규정했다. 이 성일은 금요일 해질녘부터 토요일 해질녘까지의 안식일처럼 특정 기간이 있었다. 이스라엘인과 유대인은 이 성일에만 파트타임으로 주 하나님을 섬겼다. 더욱이 율법의 안식은 몸에 부분적이고 일시적인 휴식만을 주는 이 세상의 안식이었다. 그것은 영과 혼에 하나님의 참된 안식을 제공할 수 없었다.

율법에 따른 예배일은 하나님이 백성에게 요구하시는 기본적인 요구였다. 율법의 예배일은 다가올 참되고 천국적이며 영적인 예배일의 그림자일 뿐이었다. 율법은 예수 그리스도가 가져올 완성을 가리켰다.

주 하나님은 자기 백성을 위해 성일을 율법적 의무가 아니라 복으로 제공하셨다. 하나님은 그들에게 일로부터의 휴식과 적들로부터의 안전을 주셨다. 그들은 가나안 성지에서 하나님의 평화와 안식을 누리면서, 만유의 주가 그들의 하나님이시며 선택한 백성으로 그들을 성별하신다는 것을 알게 되었다.

5.
기독교 예배일에서 율법주의적 요소

고대 이스라엘인과 유대인이 율법의 전례력에 따라 성일과 절기를 거룩하게 지켰던 것처럼, 기독교회는 교회력에 따른 예배의 성일을 지킨다. 그들은 공적 예배에서 매주 성일과 매년 절기를 기념한다. 교회력은 그들의 종교 생활을 규제하고, 그들은 안식과 예배의 성일과 일의 평일을 구분한다.

이런 기독교 예배일에는 예수님의 탄생, 삶, 죽음, 부활과 관련된 날들과 안식일, 오순절, 맥추절과 같은 율법의 일부 성일들이 포함되어 있다.

📖 안식일과 주일

■ 안식일

많은 기독교인들은 율법의 안식일을 휴식과 예배의 성일로서 거룩하게 지키고 있다. 하지만 매주 안식일을 지키는 날짜와 방식에 대해서는 이견과 논란이 있다.

제칠일안식일예수재림교회와 같은 제칠일 안식일 교인들은 율법의 문자에 따라 일주일 중 일곱 번째 날(토요일)이 안식일이라고 믿는다. 그들은 창세기 2장 2~3절과 출애굽기 16장 22~30절에 근거하여, 하나님이 안식일을 인간의 죄와 율법 이전에 제정하셨으므로 안식일은 영구적이며(출 31:16~17), 신약의 백성에게도 구속력을 갖는다고 주장한다.

그러나 안식일은 구약의 율법에 속한 것으로, 율법이 제정되기 전이든 후이든 간에, 그리스도의 신약 시대까지 일시적으로 부여된 계명이었다(갈 3:19, 23~25; 골 2:16~17). 더욱이 그리스도인은 율법 아래 있지 않고 은혜 아래 있기 때문에(롬 6:15), 안식일의 법은 우리에게 구속력이 없다. 율법을 문자 그대로 준수하라는 요구는 우리에게 해당되지 않는다. 오히려 그리스도께서 구약의 성일에 관한 율법을 다 이루셔서, 우리는 율법에 있는 안식과 예배의 특별한 성일을 성령에 의해 다 이룬다(롬 8:3~4). 우리는 율법이나 교회력이 아니라 그리스도에 따라 영원히 안식하며 하나님을 예배한다.

안식일에 예수님은 회당에 들어가셔서 성경을 읽으셨다(눅 4:16). 바울도 안식일에 유대인의 모임 장소에 참석했다(행 13:14~43,

16:13~15, 17:1~3). 두 분 다 안식일을 거룩하게 지키기 위해서가 아니라 하나님의 복음을 선포하기 위해서 가셨다.

한편, 가톨릭, 장로교, 감리교 등의 첫날 안식일 교인들은 일요일이 기독교의 안식일, 즉 휴식과 예배의 성일이라고 믿는다. 그들은 구약의 제칠일 안식일이 신약에서 예수가 부활하신 첫날로 바뀌었다고 생각하고, 율법의 안식일의 기본 정신으로 일요일을 성일로 거룩하게 지킨다.

크리스천 예배를 위해 율법의 안식일을 지키는 관행은 예수 그리스도의 복음을 반영하지 않는 율법주의적인 예배 형태이다. 안식일을 문자에 따라 거룩하게 지키는 것은 유대교이지 기독교가 아니다. 안식일을 엄수하는 사람들에게 묻는다. 율법의 안식일이 영원하다고 주장하니, 장차 천국에서도 안식일을 기억하여 거룩하게 지키렵니까?

예수 그리스도의 십자가는 율법에 있는 성일과 평일의 구분을 없앴다. 그리스도 안에 있는 천국의 완전하고 영원한 안식과 예배가 도래하여, 율법의 문자에 따른 지상의 부분적인 안식과 예배는 구식이 되었다. 성령의 신약은 안식일의 한계를 초월하며, 토요일이든 일요일이든 어느 날이든 고유의 거룩함을 없게 만들었다.

예수님과 당대의 유대인 지도자들은 안식일을 지키는 방법에 대한 견해가 달랐다. 유대인 지도자들은 율법의 문자와 그들의 전통에 의해 부과된 제한을 지키는 데 관심이 있었다. 반면, 예수님은 안식일에 선을 행하여 병자들을 치료하는 것을 우선하셨다 (마 12:9~13; 눅 13:10~13; 요 5:1~9).

오늘날 많은 사람들이 예수가 안식일에 행하신 일에 의문을 제기한다. 하지만 주 예수님이 "안식일은 사람을 위해 있는 것이지, 사람이 안식일을 위해 있는 것이 아니다."(막 2:27)라고 말씀하신 것처럼, 안식일은 인류에게 유익을 주기 위한 것이다. 그러므로 "안식일에 선을 행하는 것은 합법적이다."(마 12:12)라고 말씀하셨다. 안식일에 그리스도인들은 이웃에게 이로운 일을 할 수 있다.

갈라디아서 4장 8~11절과 골로새서 2장 16~17절에서 사도 바울은 성일과 절기 준수를 비난한다. 그는 예배를 위하여 성별된 안식일과 특별한 날은 율법의 기본 원리이며, 예수 그리스도의 진리의 그림자에 불과하다고 설명한다. 그리스도가 하늘의 참되고 영원한 실체를 계시하셨기 때문에 율법의 약하고 초보적인 그림자는 더 이상 판단의 근거가 되지 않는다. 그러므로 성령으로 율법의 한계와 제한을 넘어 천국 생활하는 그리스도인은 성일과 절기와 같은 이 세상의 초보적인 원리에 대한 논쟁을 피해야 한다.

로마서 14장 5~6절에서 특별한 날에 대한 상이한 의견들에 대하여 바울이 보인 관대한 태도는 해석자들 사이에 논쟁거리가 되어 왔다. 이 구절의 문맥(롬 14:1~12)에서 그는 각자가 자기 마음으로 확신을 가지고 주를 위하여 살고 죽는 것이 중요하다고 강조한다. 그리스도인은 예배일에 대한 다른 견해나 관행을 가진 형제들을 심판하지 않고, 오히려 성령의 자유, 사랑, 평화로 그들을 받아들인다. 성령을 따라 행하는 우리는 복음의 진리를 알지만, 다른 의견을 가진 사람들을 하나님의 사랑으로 세운다.

바울은 디모데에게 할례를 베풀고(행 16:1~3), 나실인의 법을 지키고(행 21:23~26), 모든 민족에게 예수 그리스도의 복음을 전하는(고전 9:19~23) 행동을 통해 유대인과 이방인을 위한 성령의 자유와 사랑을 보여 주었다.

무활동의 안식일 휴식

일부 교회 지도자들은 안식일 휴식이 율법의 문자에 따라 모든 활동을 완전히 정지하는 것이어야 한다고 믿는다. 안식일을 거룩하게 지키기 위해 일, 쇼핑, 스포츠 행사, 외식 등을 금지하는 등 엄격한 규칙을 시행한다.

그러나 나를 포함하여 많은 그리스도인들이 안식일에 이런 제한된 활동을 한다. 율법의 문자에 의하면 우리는 모두 안식일 법을 어긴 자들이다. 율법주의적인 목회자들도 안식일에 교회에서 열심히 일함으로써 자신들의 규칙을 어긴다. 안타깝게도, 그들은 안식일을 복이 아닌 짐으로 만든다.

주목할 점은, 하나님께서 세상을 창조하신 후 일곱째 날에 쉬신 것은 창조의 일만 쉬셨을 뿐(창 2:3) 모든 활동에서 쉬신 것이 아니라는 것이다. 섭리, 심판, 구원을 포함하여 하나님의 일은 안식일에도 계속되고 있다(요 5:16~17).

그리스도의 진리를 알지 못하는 사람들은 안식을 무활동 상태로 여겨 휴일에 잠을 자거나 텔레비전을 본다. 이러한 휴식은 불안으로 이어질 수 있다. 안식일에 아무것도 하지 않는 율법주의자는 그리스도 안에 있는 하나님의 안식에 들어갈 수 없다. 그들은 율법에 속박되어 있고, 지치고, 원기가 없다.

모든 일을 그치고 활동하지 않으면 몸에 일시적이고 제한적인 휴식을 얻을 수 있다. 하지만 세상이 하나님의 평화와 영적인, 천상의 안식을 줄 수 없기에 마음이 불안하다. 이것이 일요일 오후나 저녁에 '일요일의 공포증'을 느끼는 이유 중 하나이다. 주말에 휴식을 취하고 심지어 안식일에 교회에 다녀왔어도 직장에서 '월요병'(Monday blues)을 경험한다. 안식과 예배를 위해 성일을 거룩하게 지킨 후에도 우울하고 기가 죽어 있다.

장기간 하나님과 이웃을 사랑으로 섬기지 않고 활동하지 않으면 지루함, 피로, 그리고 우울증을 느낄 수 있다. 예를 들어, 오래 앉아 있는 생활을 하거나 과도한 텔레비전 시청이나 스마트폰에 빠진 사람들은 기분이 가라앉고 권태를 느끼는 경향이 있다. 활동적이지 않은 죄수들과 사형수들은 평온해 보이지만, 무기력하고 바람에 휘저어진 바다처럼 불안정하고 곤고하다.

죄인은 하나님의 안식을 알지 못한다. 죄로 더럽혀져 있고 몸과 마음은 불안하다. 죄의 노예는 죄책감과 정죄의 부담을 끊임없이 느끼며 쉬지 못한다. 하나님을 멀리 떠나 죄의 광야에서 방황하는 사람은 방향을 잃고 기진맥진한다. 죄와 죽음의 무거운 짐을 짊어진 사람은 점점 더 깊은 우울증에 빠진다. 결국, 악한 날에 그들은 어둠의 심연에 떨어져 멸망한다.

■ 주일

신약 성경은 초기 그리스도인들이 주의 날(계 1:10), 즉 매주 첫날(행 20:7; 고전 16:2)에 공동 예배를 위해 정기적으로 모였다고 기록하고 있다. 이 날은 예수님의 부활을 기념한 날이다. 그리하여 매주 첫날이 교회를 위한 성일로 인간에 의해 구별되었고, 주일이 관습상의 예배일이 되었다.

대부분의 교회는 일요일을 주일로 생각하고 교인들에게 성일을 거룩하게 지킬 것을 촉구한다. 교인들은 주일에 교회에 출석해야 한다는 의무감을 느끼며 어떻게 하면 이 성일을 가장 잘 지킬 수 있을지 고민한다. '교회에서 드리는 모든 예배에 참석하지 않으면 성일을 모독하는 것인가? 교회에서 이른 예배에 참석한 후에 일을 하는 것이 허용되는가? 성일에 스포츠를 즐기고 외식할 수 있나?'와 같은 질문이 생길 수 있다.

어떤 이유로 주일에 교회에 참석하지 못하면 주일을 범한다고 여겨 하나님의 심판을 두려워하는 자도 있다. 죄책감의 무거운 짐 아래서 지친 마음을 느낀다. 안식을 얻는 복된 날이 무겁고 감당하기 힘든 짐의 억압이 된다. 그러나 하나님께 드리는 우리의 예배는 주일 성수에 대한 의무와 두려움이 아니라 성령의 자유와 기쁨으로 드려져야 한다.

사람들은 다양한 이유와 목적으로 주일 예배에 간다. 어떤 사람은 하나님에 대한 주일 성수의 의무를 다하기 위해, 어떤 사람은 재충전이 필요하여, 어떤 사람은 일상적인 습관으로, 어떤 사람은 전문 교역자의 사역을 보기 위해, 어떤 사람은 하나님의 은혜와 축복을 받기 위해, 어떤 사람은 우정을 위해, 어떤 사람은 자기 사업 인맥을 형성하기 위해 간다.

일요일에 교회에서 드리는 예배가 전부라고 생각하는 사람도 있다. 그들은 집에서 바쁘게 자기 몸을 준비하고, 서둘러 교회로 가서, 안내자와 악수하고, 평소의 자리에 앉는다. 찬송가를 부르고, 기도문을 읽고, 십일조와 헌금을 바치고, 목회자의 설교와 축도를 듣고, 예배가 끝난 후에 친교 모임, 제직회, 당회에 참가한다. 그리고 집으로 돌아와 일상생활을 재개한다. 교회에서 주일 예배가 끝나면 예배를 중단하고, 일주일에 한 시간만 하나님께 드린다. 그들에게 주중의 날은 안식과 예배를 위한 성일이 아니라 직장과 집안일을 위한 평일이다.

성탄절, 성금요일, 부활절

안식일과 주일 외에도 교회는 성탄절, 성금요일, 부활절 등 예수 그리스도와 연관된 날을 거룩하게 지킨다. 그들은 공동 예배에서 예수의 탄생, 죽음, 부활의 사건들을 재현한다. 그 외에도 교회는 설날, 추수감사절, 종교개혁주일 등과 같은 특별한 날을 제정하여 축하하고 예배한다.

강림절, 사순절, 성주간

게다가 교회는 강림절, 사순절, 성주간을 포함한 교회력과 절기에 따라 거룩한 주간을 지킨다. 강림절은 성탄절까지 이어지는 네 번의 일요일과 주간의 기간이다. 강림절 기간에는 희망의 촛불을 켠다. 사순절은 부활절 전 40일이며, 이 절기 동안 많은 기독교인이 종교적 열정에서 금식하고 회개하며 개인적인 즐거움을 자제한다. 종려 일요일부터 부활절 일요일까지의 성주간은 기도, 금식, 그리고 금욕 생활의 한 주이다.

📖 안식월, 안식 계절 및 안식년

많은 목회자와 신학교 교수들은 안식의 달, 계절, 해를 지킨다. 그들은 교회, 신학교, 성경 대학에서 일하다가 안식을 갖는다. 안식년은 레위기 25장 1~7절에 근거하고, 전통적으로 7년마다 1년씩이다.

요약하면, 교회는 교회 달력과 기독교 연도에 있는 성일에 예배를 드린다. 그러나 이런 전례 예배는 율법 시대에 속한 것이다. 정한 날과 시간에 예배나 기도를 드리는 것은 율법주의이다. 사실, 교회력에 있는 성일을 지키면 여러분은 약하고 무가치하고 초등의 것으로 돌아간 것이다(갈 4:8~11). 교회력은 여러분을 속박하고 여러분의 신앙생활을 제한한다.

📖 시간을 어떻게 사용하고 있는지 고려하자

시간은 하나님이 우리에게 주신 귀중한 선물이다. 따라서 우리는 시간을 거룩하게 사용하는 것이 매우 중요하다. 그러나 우리는 종종 세상의 부와 쾌락을 추구하고, 육체적인 욕구를 충족시키는 데 시간을 소비한다. 이러한 시간 사용이 과연 우리에게 영생과 영광을 가져다주는가?

우리는 성일에 교회에 참석하여 예배를 드리고 성경 공부와 기도 모임에 참여하는 등 종교 활동에 시간을 쓴다. 하지만 우리가 성령의 사랑, 평화, 기쁨을 경험하고 있는지는 확실하지 않다. 율법주의적 관행은 우리를 죽음으로 인도한다.

더욱이 우리는 악한 세상에서 살고 있다(갈 1:4; 엡 5:16). 매일 유혹과 죄에 직면한다. 깨어 기도하지 않으면 우리는 유익하지 않은 활동에 시간을 보내고, 안식과 예배의 기회를 놓치게 된다. 우리에게 영생과 영광을 주시는 주 하나님을 예배하고 섬기는 거룩한 시간을 만들지 않기 때문에, 우리는 가난하여 모든 것이 부족하고 하나님의 안식을 알지 못하는 인생을 경험한다.

게다가 우리가 시간을 허비하여 그 시간이 한번 지나가면 그 시간을 회수할 수 없다. 하늘로 쏘아진 화살처럼 우리의 손이 닿지 않는 곳으로 사라진다.

그러므로 우리는 율법주의적인 예배일보다 더 나은 예수 그리스도에 따른 예배일이 필요하다.

6.
그리스도에 따른 예배일

📜 매일 계속해서

그리스도 안에서 우리는 천국 백성이다. 천국은 날이나 계절이 없이 영원하다. 따라서 그리스도에 따른 예배일은 영원하며, 율법이나 교회력이 규정한 성일과 절기를 넘어 연속적으로 계속된다. 그리스도를 통해 나타난 참된 예배의 시간은 시작도 끝도 없이 지속된다.

게다가 그리스도 예수께서 죽음과 부활 후에 승천하신 뒤, 하나님은 신자에게 그리스도를 통해 성령을 주신다. 성령님은 지상의 시간을 거룩한 시간으로 성화하셔서, 그리스도의 성도들이 매일 계속해서 주 하나님을 예배할 수 있도록 하신다.

예수님께서 십자가에서 율법을 완성하셨기 때문에, 이제는 안식과 예배를 위한 성일과 일하는 평일의 구분이 없다. 하루가 그리스도에 의해 구속되고 성령에 의해 하나님께 성화되면 그날은 성일이 된다. 그리스도인은 성령에 의하여 한 주의 매일을 성일로 안식하며 예배할 수 있다.

주의 영광이 예수 그리스도를 통해 나타날 때, 일요일뿐만 아니라 매일이 주일로 안식과 예배의 성일이다. 오늘이 예배의 날이고, 매 시간이 예배의 시간이며, 지금이 예배의 시간이다. 그리스도인으로서 우리는 낮과 밤, 일할 때나 쉴 때, 다른 사람들과 함께 또는 혼자서 끊임없이 하나님을 예배한다. 우리는 항상 예배하고, 계속해서 기도하며, 언제나 감사하고(살전 5:16~18), 하나님의 영광을 위해 매일 지속적으로 헌신한다.

성령의 자유로 예배하는 자는 율법이나 교회력에 있는 성일을 초월하여 언제나 주님을 섬긴다. 특정한 날에 시간제로 예배를 드리던 율법 시대와 달리, 그리스도인은 매일 계속적으로 예배한다. 예를 들어, 예루살렘의 초기 유대인 그리스도인들은 날마다 예배에 헌신했다(행 2:42~47). 하늘에 있는 하나님의 보좌 앞에서 천사들과 장로들과 생물들과 모든 나라에서 온 큰 무리도 밤낮 끊임없이 하나님을 예배한다(계 4:6~11, 5:8~14, 7:9~15).

교회에서 드리는 공동 예배는 일상에서 바치는 개인 예배의 연속이다. 그리스도인은 매일의 일상생활에서 하나님의 안식을 가지고 예배, 성경 공부, 교제, 선행, 전도에 헌신한다. 그런 다음 교회에 모여 하나님께 예배를 계속한다.

그러므로 그리스도인의 예배일은 영원하다.

영원한 안식

그리스도인의 안식은 율법에 따른 일주일에 하루의 휴식을 넘어 그리스도 안에서 누리는 영원한 안식이다. 율법의 안식은 일을 멈추고 잠시 쉬는 것으로 몸을 위한 일시적 휴식이다. 반면, 그리스도의 안식은 우리의 영과 마음을 위한 참되고 영적인 천국의 안식이다(마 11:28~30; 히 4:1~11). 이 안식은 기간과 질에서 영원하다.

안식일의 주이신(마 12:8) 그리스도가 우리에게 항상 영원한 안식을 주시므로 율법의 안식일은 필요 없다. 우리는 안식일에 관한 율법의 문자를 초월하여 언제나 무엇을 하든지 예수 그리스도의 이름으로 하나님의 영광을 위해 함으로 하나님의 안식에 들어간다. 안식과 예배를 위해 일을 멈추는 대신, 우리는 매일 일을 계속하면서 안식하며 예배한다. 하나님의 예배와 이웃을 위한 봉사를 통해 안식한다. 그 결과, 우리의 일상적인 일은 안식처럼 즐겁다.

우리 주 예수님은 안식일을 포함하여 매일 가르치시고 병든 자들을 고치시며 굶주린 자들을 먹이셨다. 그리스도인에게 주일은 휴일이 아니라 주님과 이웃을 활동적으로 섬기는, 일하는 날이다. 일요일을 포함하여 매일 일하지만 우리의 영과 마음은 주 안에서 안식을 가진다.

일요일에 그리스도인이 서비스를 제공한다 해서 안식일 법을 위반하는 것으로 보면 잘못이다. 당직 크리스천 의사는 환자들의 안녕을 위해 일요일에도 일한다. 일요일에 우리는 이웃의 이익을 위해 봉사하며, 배고픈 방문객의 유익을 위해 식당으로 데려간다.

하나님의 영원한 안식에 들어갈 때, 우리는 세상 일뿐만 아니라 육체와 세상에 있는 적들로부터도 안식한다. 죄를 섬기는 수고와 고통으로부터 해방되어 몸과 마음이 평안히 쉰다. 사실, 하나님의 안식은 우리의 죄와 죽음과 멸망에서 영생으로의 구원이다. 세상에서의 수고, 피곤, 걱정, 근심, 방황, 고난에서 구출되어, 우리는 성령의 평화와 기쁨으로 안식한다. 하나님의 구원을 통해 우리는 영생을 얻어, 모든 것이 풍족하여 인생에 부족함이 없이 안식한다.

형제자매여, 하나님께서 주시는 영원한 안식이 우리 앞에 있으니, 예수 그리스도를 통하여 하나님의 안식에 들어가자. 안식일의 주가 우리에게 매일, 계속해서 안식과 영생을 주신다.

📖 영원한 예배

그리스도인은 그리스도의 반열에 들어 영원한 제사장으로서 일요일뿐만 아니라 매일, 계속해서, 영원히 하나님을 예배한다. 율법과 교회력에 있는 성일을 초월하여 우리의 일상생활이 예배 시간이다. 사도 바울이 디모데후서 4장 2절에서 말한 것처럼, 그리스도의 사역자는 계절을 가리지 않고 항상 성직을 수행한다. 때가 적절하든 아니든, 일상의 모든 활동에서 무엇을 하든지 언제나 예배한다(고전 10:31).

성도는 정년을 넘어 주 하나님을 섬긴다. 직업에서 은퇴할 수 있지만 하나님과 이웃을 섬기는 일에서 은퇴하지는 않는다. 나는 목회 사역에서 은퇴했지만 주님과 사람들에게 변함없이 봉사의 일을 하고 있다.

어떻게 매일 끊임없이 안식하며 예배할 수 있을까? 그리스도가 그 길이다! 그분은 이 세상에 오셔서 주의 영광을 드러내셨다. 하나님께서는 우리가 매일 계속하여 아들을 바라보며 멈추지 않고 예배하기를 원하신다. 따라서 우리는 마음속에 그리스도를 주님으로 거룩하게 모시고, 밤낮으로 그분을 바라봐야 한다. 주의 임재와 영광 안에 있을 때, 우리는 영원히 예배할 수 있다.

우리는 성령에 의해 지상의 시간을 성화하여 하나님을 위한 거룩한 시간을 만든다(엡 5:16). 시간을 어떻게 사용하는지 염두에 두고, 예수 그리스도를 통해 성령으로 매일 매 시간을 성화하여 예배의 호기를 잡는다. 그리하여 우리의 일상생활은 모든 말과 행동에서 하나님께 영광을 돌리는 데 바쳐진다(고전 10:31; 골 3:17; 벧전 4:11).

매일 지속적으로 주 하나님을 기쁨으로 섬길 때, 성령의 열매가 맺히고 우리의 삶은 풍요롭고 생산적이 된다. 하나님께서 모든 것이 풍부한 삶을 주시어 우리가 복을 받는다. 우리의 삶은 하나님의 선하심을 예시하고, 우리는 하나님을 예배하는 시간이 가장 즐거움을 선언한다.

초신자였을 때 나는 하나님의 말씀에 대한 열망이 강했다. 매일 이른 아침에 하나님의 임재를 찾아 그분을 예배하기 위해 거룩한 시간을 만들었다. 주 하나님을 사랑하고 그분의 임재를 갈망했기 때문에 거룩한 시간의 길이는 중요하지 않았다. 나는 주님과 단둘이 있을 수 있는 내 집의 외딴 곳으로 갔다. 성경을 읽으며 하나님의 말씀이 증언하는 성자를 보려고 눈을 들어 그리스도 예수를 통해 주의 영광을 보았다. 그 때 주님은 나를 영광의 하나님 앞에 서게 하셨다. 나는 그리스도 예수께 영광을 돌리고 성령으로 아버지를 경배했다.

하나님에 대한 지식과 사랑이 성장함에 따라, 나는 하루의 매 시간을 주님을 섬기는 데에 바치고 일상을 예배 행위로 만들기 위해 노력한다. 나는 밤낮으로 그리스도 예수님께 눈을 고정하고 그분의 영광을 바라보며 매일 그분의 죽음과 부활을 경험한다. 나에게는 매일이 주일이고, 나는 지상의 시간을 주의 영광을 위해 사용한다.

매 순간을 안식과 예배의 기회로 보고, 나는 일상의 평범한 시간을 성령에 의해 성화하고 하나님께 거룩하게 한다. 산책이나 자동차 운전과 같은 일상적인 일도 그리스도를 통해 성령에 의해 예배의 거룩한 시간으로 성화된다. 캐나다 토론토에서 에드먼턴까지 4일간 자동차 여행을 하는 동안, 나는 육신의 시선을 앞길에 집중하고 마음의 시선은 하늘에 계신 우리 주 그리스도께 고정하고 예배했다. 그 여행은 연속적인 안식과 예배의 시간이었다.

묵상과 예배

1. 우리는 과거를 죄와 죽음에 허비했다. 이제 우리는 하나님의 영광을 위해 살며 영생을 경험하고 있다.

2. 우리는 지상의 시간을 하나님의 예배를 위해 바치려고, 예수 그리스도를 통해 성령에 의해 그 시간을 성화하여 예배의 시간으로 만든다.

3. 매일 연속적으로 십자가에 올려진 하나님의 아들을 바라보고, 성령으로 충만하여 하나님을 예배한다.

4. 우리가 매일 예수와 함께 죽고 부활하면 매일이 주일이다.

5. 예수 그리스도를 통해 매일 계속해서 하나님의 안식과 예배에 들어가기 위해 부지런히 노력하자.

6. 그리스도인은 일요일뿐만 아니라 주중에도 매일 하나님을 예배한다.

7. 우리가 죽으면 세상 일에서 은퇴하고 천국에서 하나님의 영원하고 완전한 안식을 얻게 된다. 흙으로 돌아갈 우리 몸으로 매일 주님과 이웃을 위해 열심히 봉사한다.

3부 예배 장소

하나님의 성소는 주 하나님께서 백성 가운데 거하시며, 그들에게 자신의 영광을 드러내시고, 그들과 만나시는 거룩한 장소이다. 하나님의 거처가 예배의 장소이며, 성소에서 드리는 예배를 하나님은 받으신다.

사람들은 종종 기독교의 예배 장소에 대하여 질문한다.
하나님의 성소는 어디에 있습니까?
예배나 미사를 드리려면 예배당이나 성당에 가야 하나요?
기도하려면 어디로 가야 합니까? 교회나 기도원이나 골방에서 기도해야 하나님이 응답하시나요?

7.
율법에 따른 예배 장소

구약에서는 하나님께 드리는 예배를 위하여 율법이 규정한 지상의 성소를 백성이 세웠다. 광야의 성막(출 25~27, 35~40장)과 그 후 예루살렘 성전(대상 22:1~11; 대하 3~5장)이 지상에 있는 하나님의 거처로 지정되었다. 다윗 왕은 예루살렘에 천막을 세워서 하나님의 궤를 모시고 예배했다(삼하 6:17; 대상 16:1).

이같이 율법에 따른 예배 장소는 지상의 성소였다. 구약의 백성은 지상의 성소에서 예배를 드렸다. 예루살렘에 있는 성전은 공동 예배를 위한 장소로, 그곳에서 제사장의 의식과 동물의 희생 제사가 행해졌다. 구약 예배는 지상에 있는 특정한 곳에 국한되었으므로 예배자는 그 장소에 가야 예배를 드릴 수 있었다.

지상의 성소

율법은 지상 성소의 건축, 기구, 장식을 규정했다. 하늘의 양식에 따라 지상에 하나님의 집을 지을 때 이 세상의 건축 자재가 사용되었다(출 25:8~9, 40; 히 8:5). 지상의 성소에는 언약궤, 그룹, 진설병을 두는 상, 등잔대 또는 촛대, 제물과 향을 위한 제단, 대접 등 다양한 성물들이 비치되었다(출 25, 27, 30장; 왕상 6~8장; 대하 4장).

또한 지상 성소의 건축과 기구에 상징적 의미가 사용되었다. 예를 들어, 지성소는 지상에 계신 하나님의 임재를 나타냈다. 언약궤는 하나님이 이스라엘 백성과 맺은 계약의 상징이었다. 메노라(촛대)는 하나님의 빛과 인도의 상징이었다. 제단은 이스라엘 백성의 죄에 대한 하나님의 은혜와 용서를 상징했다.

구약의 백성이 지상의 성소를 건축하여 하나님께 바쳤을 때, 주의 영광이 성소를 가득 채웠다(출 40:34; 대하 5:11~14, 7:1). 주 하나님께서는 지상의 성소에서 바치는 예배를 받으시고 기도를 들으시겠다고 약속하셨다(대하 7:11~16).

예루살렘에 있는 성전은 이스라엘인과 유대인 예배의 중심지였다. 하지만 지상의 성소는 오직 천상 성소의 그림자 역할만 했고(히 8:1~5, 9:24), 예수 그리스도를 통해 하나님의 참되고 영적인 성소가 나타날 때까지 일시적인 것이었다(히 9:1~12).

지상에 있는 하나님의 집은 두 개의 방으로 구성되어 있었는데, 바깥쪽 방은 성소, 안쪽 방은 지성소라고 불렀다. 성소는 일반적인 장소와 구별되어 출입이 제한된 거룩한 공간이었다. 지성소는 하나님께서 지상에 임재하시는 곳으로 가장 거룩한 장소였고, 레위 제사장들도 출입이 허용되지 않았다. 대제사장만이 속죄일에 일 년에 한 번씩 죄를 위해 제물로 바치는 동물의 피를 가지고 들어갈 수 있었다(레 16장; 히 9:7).

제사장과 레위인만 성전 건물 안으로 들어갈 수 있었다. 이스라엘 평민은 성전 뜰에 모였다(렘 19:14, 26:2). 그곳에서 그들은 제물을 참관하고 하나님께 기도할 수 있었다.

바벨론 유배 기간과 가나안 약속의 땅으로 돌아온 후, 성전이 없는 상황에서 유대교의 회당이 유대인들의 예배, 공부, 교제의 장소가 되었다.

회당은 건축 디자인과 비품이 특별했다. 회당 안의 두 구역은 예배 지도자를 평민들로부터 분리시켰다. 회당은 상징적이고 다양한 물건들로 장식되었다.

회당에는 많은 내부 요소들이 있었다. 가장 중요한 것은 토라 두루마리가 보관된 토라 궤였다. 이 지상의 성소 앞이나 중앙에 있는 비마(bimah)는 예배 중에 경전(토라와 예언서)을 읽고 가르치는 탁자(또는 강단)가 있는 높은 단이었다. 회당에 있는 토라를 위한 탁자는 성전에 있는 동물의 제물을 위한 제단을 대체했다.

유대인들이 유배지에서 고국으로 돌아왔을 때, 하나님은 그들에게 성전을 재건하라고 명령하셨다(스 1장; 학 1장). 그들이 이 명령에 순종하여 성전을 재건했을 때, 주 하나님은 그 성전을 자신의 영광으로 채우셨다.

예루살렘의 제2성전은 고대 유대인 예배의 중심지였고, 서기 70년 로마인들에 의해 파괴될 때까지 그곳에서 예배가 이어졌다. 그러나 히브리서 8장 6~13절이 증언하는 신약에 따르면, 레위 대제사장이 죄를 속하기 위해 동물을 제물로 바치는 제3성전은 필요하지 않다. 예수 그리스도께서 십자가에서 드린 제사가 단번에 유대인과 이방인 모두를 위한 영원한 구원을 얻었다. 그로 인해 지상의 성전도, 동물의 제사도 더 이상 요구되지 않는다(히 9:11~12, 10:12~18).

지상의 성지

구약의 율법에 따르면 하나님이 이스라엘에게 주신 가나안 약속의 땅은 지상의 성지였다(신 1:6~8). 그 성지에는 예루살렘의 거룩한 도시(느 11:1)와 시온산의 거룩한 장소(시 2:6)가 포함되었다.

8.
기독교 예배 장소에서 율법주의적 요소

📋 이스라엘의 성지

　기독교인들은 이스라엘 땅을 신성한 곳으로 여기고, 성지 순례에 많이 나선다. 이러한 기독교의 성지에는 예수님이 사역하고 십자가에 못 박혀 죽고 부활한 장소들이 포함된다.

　그리스도인의 성지 순례는 이스라엘 땅이 아니라, 그리스도가 거하시는 천국으로 가는 것이다. 예수 그리스도의 신약에 따르면(히 8:6~13, 12:18~29), 이스라엘 땅은 성지로서의 지위가 영원하지 않고 그리스도가 오실 때까지 일시적이었다. 그 땅은 단지 하늘 성지의 복사물에 불과했다. 아브라함은 하늘에 있는 영원한 도시와 나라를 찾고 있었기 때문에, 하나님이 약속하신 가나안 땅에서 외계인으로서 일시 체류했다(창 23:4; 히 11:8~16). 우리 역시 이 세상에는 영원한 나라의 성지가 없어 천국의 본향을 소망하며,

지상에서는 외계인이자 나그네이다(벧전 1:1).

마찬가지로, 지금 지상에는 거룩한 도시가 없다. 우리는 하나님의 영원한 도시인 천상의 예루살렘을 찾고 있다(히 12:22, 13:14). 요한복음 4장 21~24절에서 그리스도인은 예루살렘에 있는 성전이 아니라 성령으로 예배한다고 예수님이 선언하셨다. 그리스도는 예루살렘 성전과 같은 지상의 성소를 영원한 천상의 성소로 대체하셨다.

이스라엘 관광 광고에는 "예수님이 제자들과 함께 기도하셨던 겟세마네 동산에 서면 그 성지에서 변화됩니다"라고 말한다. 그러나 예수님은 승천하신 후 더 이상 그곳에 계시지 않으므로 겟세마네 동산은 성지가 아니다(히 8:1~2, 9:24). 그리고 우리는 그리스도를 통하여 나타난 주의 영광을 바라볼 때, 성령에 의해 하나님의 형상과 영광으로 변화된다(고후 3:18).

📖 교회 건물이 하나님의 성전

구약의 율법에 따른 하나님의 지상 성소가 성령의 신약 시대에도 여전히 존재한다. 구약의 백성이 성전과 회당을 하나님의 집으로 지었듯이, 기독교인들은 하나님의 성전과 예배를 위해 교회 건물을 짓거나 구입한다.

교회들은 종교적 상징과 형상으로 교회 건물을 장식하여 하나님의 성전으로 바친다. 교회 건물에서 공동 예배를 위해 사용하는 강당을 '성전'이라고 부른다. 예를 들어, 한 교회는 본당을 나사렛 성전, 다른 강당을 임마누엘 성전으로 지칭한다.

흥미롭게도, 그 교회의 친교실은 성전이라고 부르지 않는다. 이것은 교회 지도자들이 교제는 예배가 아니라고 생각하고 있음을 암시한다. 잘못된 생각이다. 왜냐하면 그리스도인들의 교제는 예배의 중요한 부분이기 때문이다.

교회 건물은 종종 보는 사람들을 압도하고 경건함을 불러일으키며 하나님의 임재를 전달하기 위해 크고 웅장한 디자인을 가지고 있다. 그러한 건물의 예로는 로마의 성 베드로 대성당과 성 요한 라테란 대성당이 있다. 가톨릭 교구의 주요 교회는 주교좌가 있는 대성당이며, 대부분 하나님의 영광을 드러내려는 웅장한 건물이다. 서울에 있는 한 개신교회는 3,000억 원을 들여 거대한 하나님의 성전을 지었다.

인간이 하나님의 성전을 지을 수 있을까? 절대로 그럴 수 없다! 지상의 성소는 예수 그리스도가 새롭고 우월한 예배 장소인 천상의 영적 성소를 세우신 이후, 더 이상 쓸모가 없다. 하늘의 하나님은 사람의 손과 세상의 재료로 지은 건물에 거하시지 않는다(행 7:48~50, 17:24). 그러므로 교회 건물은 하나님의 성전이 아니며,

예배와 기도를 위한 하나님의 성전이 될 수도 없다. 교회당은 예배당이 아니다.

그리스도인들은 예배를 위해 교회 건물을 모임 장소로 사용할 수는 있지만, 그 건물 자체가 성전은 아니다. 그럼에도 불구하고, 많은 사람들은 교회 건물을 하나님의 성전으로 여긴다. 그들은 "교회 건물은 하나님께 바쳐짐으로써 성전으로 구별되며, 기독교 예배를 위한 거룩한 장소이다. 하나님은 교회 건물에 거하신다"라고 말한다. 유대인들이 예루살렘 성전에 대해 생각했던 것처럼, 그들은 교회 건물을 하나님의 집으로 신성하게 생각한다.

기도원, 수도원, 간이 예배당, 바실리카 성당도 거룩한 장소로 공경을 받는다. 어떤 사람들은 교회 건물의 제단이나 강단을 성소로 경외한다. 모세와 여호수아가 거룩한 장소에 서기 위해 신발을 벗었던 것과 같이(출 3:4~5; 수 5:15) 강단에 신발을 벗고 올라가야 하는 교회도 있다. 가톨릭 신자들은 제대의 신성함과 성막에 그리스도가 계신 것을 기리기 위해 오른쪽 무릎을 꿇는다.

여러분이 교회 건물을 하나님의 성전이라고 생각한다면, 스스로 증명할 수 있는가? 성전이나 성당에 들어갈 때 그 공간을 가득 채우는 주의 영광을 목격하는가? 출애굽기 40장 34절과 열왕기상 8장 11절에 기록되었듯, 하나님의 성소는 영광으로 가득 차 있다. 여러분과 세상은 하나님 앞에서 사라지는가? 여러분은 주의 영광을 바라보면서 하나님의 형상과 영광으로 변화되는가? 아니면, 건물, 제대, 강대상 및 다른 물체들만 보는가? 성령님이 인도하시는 예배를 드리는가, 교회 지도자들이 만든 정해진 예배 프로그램을 따르는가?

많은 교회 건물의 건축, 내부 디자인, 비품들은 고대 이스라엘 성전이나 유대인 회당의 건축물과 비슷하다. 예루살렘 성전과 마찬가지로 가톨릭과 정교회 교회 건물은 성소와 회중석 두 구역으로 구성되어 있다. 성소는 제대와 성직자를 위해 제한된 신성한 공간이며, 신도들이 접근할 수 있는 구역인 회중석과 분리되어 있다.

제대는 가톨릭과 정교회 전통 모두에서 예배의 중심 역할을 하며, 고대 예루살렘 성전의 제단을 떠올리게 한다. 성찬의 식탁은 예수 그리스도의 희생 제단으로 사용된다. 이는 율법의 구시대적인 개념을 반영한다. 이러한 전통에서는 제대가 그리스도의 임재를 의미하며, 신자들에게 그리스도의 몸과 피의 근원이 된다고 주장한다.

강론대(ambo)는 성경 낭독과 강론을 위해 사용되며, 일반적으로 내진의 한쪽에 배치되고, 제대보다 부차적인 위치에 놓인다. 게다가 가톨릭과 정교회는 교회 건물을 십자가, 아이콘(이콘), 그리고 신성한 제구들(성작, 성반, 촛대, 향로 등)로 장식한다. 구약의 관습을 따라(출 30:7~8; 삼상 2:28) 사제는 예배 중 향로를 사용하여 제단과 성물들을 분향한다.

개신교 교회 건물은 일반적으로 유대교 회당의 디자인을 따른다. 앞쪽에는 목사, 장로, 찬양대를 위한 높은 단이 있고, 중앙에는 회중을 위한 좌석이 있다. 성경을 놓는 강대상을 포함한 강단은 토라 두루마리를 놓는 테이블이 있던 회당의 비마(bimah)에서 발전했다. 강단은 많은 개신교회에서 예배의 중심지이며, 강대상은 보통 예배에서 성경의 중요성을 반영하기 위해 중앙 앞쪽에 배치된다. 강대상은 예배를 인도하고, 성경을 읽고, 설교를 하는 곳이다.

📖 교회 건물이 기독교 예배의 중심지

교회 건물은 이스라엘인을 위한 성전과 유대인을 위한 회당과 마찬가지로, 기독교 예배와 종교 행사의 중심지 역할을 한다. 많은 기독교인은 교회 건물이 예배에 가장 중요한 장소라고 믿고, 일부 사람들은 교회 건물의 성전에서만 예배를 드려야 한다고 주장한다.

교회는 보통 교회 건물을 포함한다. 그러나 하나님의 교회는 건물이 아니라 성도들의 집회이다. 교회 건물은 신자들의 모임 장소 중 하나일 뿐이다.

여러분은 어디에 가서 예배와 기도를 드리는가? 교회 건물 속 "성전"에 들어가는가? 일요일에 교회 건물에 앉아 있으면 하나님의 집에 있다고 믿는가?

그리스도에 따른 참된 예배 장소는 특정한 지상의 장소에 위치한 특별히 설계된 교회 건물을 초월한다. 주 예수님께서 요한복음 4장 21~24절에서 말씀하신 것처럼, 그리스도인은 지상의 성전이 아니라 성령의 성전에서 하나님을 예배한다.

교회 건물의 상징성

기독교회는 교회 건물에서 하나님의 성전과 임재를 상징적으로 표현한다. 이들은 예루살렘 성전과 유대교 회당을 본떠 하나님의 성소를 형상화한다. 예배자들의 오감을 자극하여 경외와 숭배의 감정을 불러일으키는 예배 장소를 조성한다. 가톨릭과 정교회는 스테인드글라스 창문, 예수의 희생을 기념하는 십자가, 신성한 전례 그릇 등 상징적인 성물로 교회 건물을 장식한다. 또한 예수, 마리아, 천사, 성인의 조각상과 아이콘(이콘)을 전시한다.

하나님을 찬양하는 성스러운 음악을 만들고, 향의 연기와 향기는 기도와 정화를 상징한다. 촛불의 깜박이는 불빛은 그리스도의 빛과 신자들의 기도를 상징한다. 또한 성수, 향유, 향기로운 꽃들은 축복과 치유의 속성을 전달한다.

그러나 교회 건물의 상징성은 율법에 따른 지상의 성소에 속한다. 지금은 예수 그리스도의 진리가 나타나 상징물이 필요 없다. 오히려 인간이 만든 상징들은 하나님을 드러내는 대신에 하나님을 숨겨 신비감을 조성한다. 예배자들의 시선을 크리스천 예배의 초점인 예수 그리스도에서 상징물로 돌릴 위험이 크다. 예수의 진리로부터 사람들의 주의를 분산시킬 수 있다. 예배자들은 감각을 통해 예술적 상징과 이미지의 형태만을 지각한다.

인간이 만든 신성한 예술품은 우상이다(레 26:1; 사 44:9~20). 성상이나 성화를 특별하게 공경하거나 상징물을 통해 예배하는 것은 우상 숭배이다. 우상을 바라보는 자의 마음은 어둠 속에 있어 그리스도를 통해 나타난 주의 영광을 볼 수 없다. 종교적 예술품을 통해 예배하는 자는 하나님의 성소에 들어갈 수 없다. 예수가 성소에 들어가는 오직 유일한 길이기 때문이다(요 14:6; 히 10:19~20). 그러므로 교회 건물에서 상징주의를 사용하는 것은 헛된 일이다.

하늘의 하나님은 자연의 요소를 통해 천국의 영적인 실재를 종종 드러내신다(요 3:12). 예를 들어, 사도 요한이 본 천국 예배의 비전(계 4~5장, 7:9~12)에는 보좌, 제단, 불의 램프, 황금 향로, 그리고 무지개, 번개, 천둥과 같은 자연 현상 등 지상의 요소들이 포함되어 있었다.

이러한 비전(visions)은 하나님이 영적 진리를 전달하시기 위해 이 세상의 물질과 자연 현상을 사용하신다는 것을 보여 준다. 반면, 인간의 상징성은 하나님의 영광을 드러내기보다 모호하게 만들 수 있으므로 크리스천 예배에 포함해서는 안 된다. 그리스도인은 진리의 성령으로 예배한다.

요한의 비전에 나오는 많은 장면과 이미지는 구약 성경에 그 기원이나 암시가 있다. 예를 들어, 번개와 천둥을 동반한 보좌(계 4:5, 11:19)는 시내산에서 일어난 신현(출 19:16)을 반영한다. 그릇, 제단, 향로와 같은 황금 기물들은 이스라엘의 성전 예배에 사용되었다(왕상 7:48~50). 향로는 성도들의 기도를 상징한다(계 5:8, 8:3~4).

일부 교회 지도자들은 예수의 성육신을 가리키며 크리스천 예배에서 상징물 사용이 정당하다고 주장한다. 그러나 예수는 보이지 않는 하나님의 형상이며(고후 4:4; 골 1:15), 하나님의 본질을 완벽하게 나타낸다는 것을(요 14:9; 히 1:3) 인식하는 것이 중요하다. 예수님은 자신의 성육신을 통해 하나님의 영광과 진리를 신자들에게 드러내셨다(요 1:14).

반면, 인간의 예술적 창작물은 하나님의 영광을 가리기 때문에 상징물로는 하나님의 임재를 드러낼 수 없다. 예를 들어, 사제가 신성하게 만든 희생의 제대와 성체의 요소들은 하나님의 임재를 나타내지 않는다. 가톨릭 의식에서 사제는 모세가 피와 물을 사용한 것(히 9:19)과 유사하게 물건과 사람에게 성수를 뿌린다. 그러나 이 성수는 성령의 정결하게 하는 능력을 제공할 수 없다.

더욱이 그리스도의 임재와 계시가 우리에게 임하면, 이 세상의 것들은 모두 사라진다. 오직 주의 영광만이 충만하다. 하나님의 성도는 그리스도를 통해 참된, 영적인 성소에 직접 들어간다(히 10:19). 우리는 교회 건물이나 비품의 상징적인 물건을 보지 않고, 그리스도의 신비에 대한 통찰로 하나님을 예배한다. 주의 영광으로 충만한 임재에 서서 그분을 예배한다.

게다가 율법에 따른 예배 장소에서 상징적 요소들은 예수 그리스도의 진리의 그림자 역할을 했지만, 이제는 쓸모없게 되었다. 예배에서 유형적이거나 가시적인 형태는 구식이다. 크리스천 예배에서 희생의 제단, 향의 연기, 촛불의 빛, 구조물 등은 더 이상 필요하지 않다.

복음주의 개신교인들은 일반적으로 예배에서 상징과 이미지 사용을 피하지만, 여전히 그것들을 전례에 포함하고 있다. 교회 건물을 보면 종종 예수 그리스도는 어린 양, 물고기 또는 이쉬티, 알파와 오메가로 묘사될 뿐만 아니라, 십자가, 전례 현수막, 삼위일체의 예술적 표현인 삼엽 또는 세모 등의 상징물도 사용한다. 성령은 비둘기와 올리브나무 가지로 표현된다.

복음주의자들은 선한 목자 이미지를 예수 그리스도의 상징으로 사용한다. 교회력의 절기에 해당하는 전례 색상이 십자가, 주의 식탁, 설교단을 장식한다. 강림절에 촛불을 켜는 것은 세상의 빛이신 예수 그리스도의 오심을 나타낸다.

요컨대, 교회 건물은 성전이 아니고, 예배당이나 성당도 아니다. 하나님의 성전으로서의 교회 건물은 구약의 율법을 따른 것이다. 하나님의 지상 성소는 구식이며 크리스천 예배에 소용이 없다.

📖 하나님의 집의 필요성

하나님의 집의 가치를 인식하고 있는가? 많은 사람들은 자신의 집을 우선시하고 하나님의 집이 가진 소중한 가치를 인정하지 못한다. 자신의 집은 생존에 필요하므로 사람들은 더 많은 부와 음식 그리고 쾌락을 바라면서, 세상의 호화가 있는 편안한 거주 공간을 찾는다. 그들은 이러한 것들을 얻기 위해 부지런히 일하고, 자신의 집을 세상의 물건으로 채운다.

하지만 많은 사람들이 깨닫지 못한 채 가난과 고통 속에서 살고 있다. 그들은 호화로운 자동차, 사치스러운 여행, 맛있는 음식, 그리고 세상의 즐거움에 탐닉하지만, 여전히 마음은 채워지지 않는다. 우아한 옷을 입고 있지만 따뜻함이 부족하다. 그들의 마음은 하나님의 사랑의 따뜻함이 없어 차갑다. 그들의 집에는 영광, 기쁨,

평화가 없다. 그들의 마음은 공허하고, 그들의 인생은 무의미하다.

왜 그럴까? 하나님의 집을 세우지 않는 사람은 마음에 가뭄과 기근을 직면하기 때문이다(학 1:2~11).

우리 몸은 우리가 살고 있는 집이며, 하나님의 성전으로 우리가 예배하는 예배당이요 기도하는 기도원이다. 그러나 우리가 우상 숭배, 술, 담배, 쾌락, 죄악에 탐닉하여 하나님의 성전을 남용하여 파괴하면, 하나님은 우리를 파괴하신다(고전 3:17). 우리 몸 집은 폐허가 되고, 우리는 노숙자가 된다. 살 곳도 예배할 곳도 없어, 우리는 하나님의 집에서 살기를 갈망한다.

하나님의 백성은 예배와 생명을 위해 그분의 임재가 필요하다(출 33:12~16; 계 7:15~17, 21:3~4). 하나님은 자신의 임재로 백성을 다른 사람들과 구별하시며, 어려움에 처했을 때 그들을 구원하시고, 생명과 영광으로 축복하신다. 그들은 하나님의 임재 안에서 승리와 안전을 경험한다. 하나님의 임재의 빛은 영생과 영광으로 가는 길을 밝혀 준다.

예수님은 길이요 진리요 생명이시다(요 14:6). 하나님의 임재 안에서는 방황도, 기근도, 역병도, 죽음도 없다. 하나님의 백성은 그분의 임재의 도움으로 인해 하나님을 찬양과 감사로 예배한다. 그들은 그분의 임재 안에서 주의 영광을 바라보며 하나님을 예배한다. 하나님의 집에서 사는 거룩한 백성은 복이 있도다!

죄인들은 그렇지 않다. 그들의 죄가 그들을 하나님에게서 분리시킨다(사 59:2). 그들은 하나님에게 낯선 사람들이며, 그분의 임재에서 소외되어 있다. 하나님은 그들의 예배를 받지 않으시고, 기도를 듣지 않으신다.

죄인이 그리스도 예수께 나아오지 않고 예수 밖에 있으면, 그들은 하나님의 집에서 멀리 떠나 있어 생명도, 영광도 없다. 그들은 들에 흩어져 있는 돌처럼 세상에 흩어져 살 집도 없이 탕자처럼 산다. 이들은 가련하고 비참하며 인생의 목적과 의미도 없다.

하나님의 집을 재건하는 일은 인간이 할 수 없고, 허물어진 집을 수리하고 개조해서 할 수도 없다. 대신, 흙으로 된 육신의 집을 허물어야 한다(고후 5:1). 하나님의 임재에서 죄의 집을 허물어야만 그분으로부터 성령의 집을 받을 수 있다.

좋은 소식은 하나님이 죄인들을 구원하시려고 그분의 아들을 하늘로부터 세상에 보내셨다는 것이다. 하나님의 아들이 십자가에 높이 올려졌다. 그분을 쳐다보라. 예수 그리스도를 믿는 사람은 누구나 성령으로 씻음을 받고 성령을 받아 하나님의 집이 된다.

지금이 바로 하나님의 집으로 지어질 때이다. 언제든지 주께로 향하면 옛 몸 집은 허물어지고, 성령에 의하여 하나님의 성전으로 재건된다. 성도는 성전에서 살면서, 매일 주 하나님을 경배하고 섬긴다.

꿈에 그리던 집을 찾고 있는가? 더 이상 찾지 말라! 하나님의 집이 꿈에 그리던 집이다. 그곳에서 방황하던 사람들은 집을 찾고, 외로운 사람들은 하나님의 가족으로 환영받으며, 고아들은 아버지를 찾는다.

하나님은 자신의 성전을 생명과 영광으로 가득 채우신다. 하나님의 생명이 그분의 임재에서 흘러나와, 영생과 경건에 필요한 모든 것들을 풍성하게 제공한다. 그 결과, 우리는 하나님의 사랑과 평화와 기쁨으로 가득 차 있어, 부족함이 없다. 참된 집인 하나님의 집에서 진정한 만족과 행복을 경험한다.

하나님의 집을 멀리 떠나 세상에서 길을 잃고 방황하고 있는가? 하늘에 계신 우리 아버지께서는 당신이 집으로 돌아오기를 기다리고 계신다. 하나님은 자비로우시므로 최악의 죄인이라 할지라도 집으로 돌아올 수 있다. 그 모습 그대로 집으로 돌아오라. 예수님의 십자가 너머로 나타난 주의 영광과 진리와 은혜를 바라보면, 그분을 믿어 성령을 받는다. 하나님의 성전에서 그분과 함께 살게 된다. 하나님의 집이 예배의 장소이다. 하나님은 그곳에서 드리는 우리의 예배를 받으시고 기도를 들으신다.

9.
그리스도에 따른 예배 장소

📖 천상의 성소

천국의 대제사장으로서 그리스도는 하늘에서 세상에 내려와 자신의 죽음과 부활을 통해 영원한 구원을 이루시고, 하늘의 성소에 들어가셨다(히 8:1~2, 9:11~12, 24). 그분이 우리의 죄를 위하여 십자가에서 죽으실 때, 예루살렘 성전 휘장이 위로부터 아래까지 둘로 찢어졌다(마 27:50~51). 예수님은 하나님과 인간을 갈라놓았던 장벽을 허무시고, 천국의 성소에 들어가셨다. 그리하여 유대인과 이방인 모두 하늘에 계신 하나님께 다가갈 수 있는 길을 열어 놓으셨다.

그러므로 신자는 그리스도를 통해 천상의 성소에 확신을 가지고 들어간다(히 10:19~20). 그리스도는 우리를 하나님의 영광 안에 서게 하신다. 주 예수 그리스도의 계시와 임재에 서서 우리는 주의 영광을 바라보며 하나님을 경배한다.

그리스도에 따른 예배 장소는 천상의 성소이다. 이 성소는 하늘의 영역으로 지상의 성소나 교회당을 초월한다. 하나님은 하늘에 계시므로, 크리스천 예배는 천국적이고 영적인 본질을 나타낸다. 따라서 그리스도인의 예배 장소는 천국, 성도의 몸, 그리고 교회를 포함한다.

천국

하늘나라는 하나님께서 영원히 거하시는 영역이다. 하늘의 대제사장이신 예수 그리스도가 우리를 위해 중재하시는 참되고 영원한 성소이다(히 8:1~2).

■ 지상에서 천국을 실천하는 방법

나의 마음은 천국에 들어가서 주의 영광을 바라보며 하나님을 예배하기를 갈망한다. 하늘에 계신 그리스도 예수에게 나의 시선을 고정함으로써 매일, 계속해서 천국을 실천하려고 추구한다.

캐나다 에드먼턴에서 나는 예수 그리스도의 복음을 전하다 끔찍한 박해를 받았다. 세상 사람들로부터 비난과 학대를 받았던 그 살인적인 고난의 시기에도, 나는 하늘에 계신 구세주께 시선을 고정하고 있었다. 종종 나는 하늘로 들어 올려져 하나님의 면

전에 서서 그분의 거룩함을 보았다. 그 시간 세상과 나는 사라지고, 그분의 영원한 나라와 권세와 영광이 온 세상을 가득 채웠다. 나는 경외와 경배로 그분을 예배했다. 얼마 후 이 세상으로 돌아온 나는 예수 그리스도 안에 있는 승리를 주신 하나님께 감사했다. 세상에서 겪은 환난과 시련이 천국에 들어가는 기회를 제공했다.

📖 성도의 몸

하나님은 신자들에게 그리스도를 통해 약속하신 성령을 부어 주시며, 예수님은 우리에게 성령으로 침례를 주신다. 우리는 예수 그리스도를 믿었을 때 죄에서 씻겨져 성령을 받았다(행 2:38). 하나님의 영은 모든 성도들 안에 거하시며(롬 8:9; 딤후 1:14), 성도의 몸은 성령의 전으로 하나님의 영광으로 가득 차 있다(고전 6:19). 이 영적인 성전에서 우리는 하나님을 예배한다.

성도의 몸은 자유롭게 이동할 수 있으므로 그리스도에 따른 예배 장소는 교회당과 성당, 기도원에 제한되지 않는다. 그리스도인은 예배를 위해 지리적 구속을 받지 않는다. 예배나 기도를 위해 반드시 교회 건물에 가야 하는 것은 아니다. 이러한 지상의 성소로부터의 자유는 언제 어디서나 예배의 기회를 제공한다. 집, 직장, 산(눅 6:12), 카타콤(로마의 지하 통로와 무덤 체계), 심지어 감옥에서도 예배할 수 있다(행 16:22~25).

교회

하나님의 교회는 영적인 집이다(벧전 2:4~5). 주 하나님 자신이 이 영적인 집의 설계자이자 건축자이시다.

베드로전서 2장 4~10절은 하나님이 어떻게 영적인 집을 짓는지 묘사한다. 먼저, 하나님은 그의 아들 예수 그리스도를 하늘에서 땅으로 보내셨다. 예수님은 우리의 죄를 위하여 십자가에 못 박혀 죽으시고 부활하셨다. 그리고 하나님은 그리스도를 교회의 초석으로 놓으셨다. 그다음, 하나님은 세상에 흩어져 있는 죽은 돌인 우리를 불러 그리스도에게로 오게 하셨다. 성령 침례로 우리를 그리스도와 연합시켜 영생을 주셔서 산 돌로 준비하시고, 영적인 집으로 세우셨다.

하늘의 하나님은 이제 지상에 있는 이 영적인 집에 거하신다. 그곳은 우리가 거룩한 제사장으로 예수 그리스도를 통하여 하나님께 예배드리는 예배당이다.

1997년 2월, 내가 온다는 소식을 듣고 몇몇 신자들이 캐나다 에드먼턴의 한 가정집에 모였다. 이 모임에는 교회 건물, 성직자, 예배 인도자, 주보, 음악, 예배 프로그램과 같은 전형적인 예배 요소가 없었다. 그러나 그들에게는 그리스도가 함께 계셨다. 그들이 예수의 이름으로 모였을 때, 그들은 놀라운 주님의 임재를 경험했다.

그들은 정해진 형식이나 의식 없이 성령으로 예배를 드렸다. 예배자들은 성령으로 충만하였고, 그분의 인도로 즉흥적이고 자발적으로 마음에 있는 찬양과 감사를 하나님께 기쁨으로 바쳤다. 그들은 성령의 자유와 권능을 경험했고, 많은 기적을 목격했다. 이 모임이 새길교회라는 영적인 집으로 설립되었다.

2005년 12월, 나와 아내는 일본 오사카 선교사로 파송되어 일본인들에게 예수 그리스도의 복음을 전했다. 그 결과, 오사카와 인근 도시의 많은 사람들이 하나님의 아들에게로 부름을 받고 성령으로 성화되어 두 교회로 세워졌다. 오사카글로리교회와 유니크교회로 설립되어 상업용 건물에서 모였다.

이 두 사례는 하나님께서 언제 어디서나 예수 그리스도를 믿는 사람들로 교회를 세우시는 방법을 보여 준다.

하나님은 교회 건물이 아니라, 성도들의 집회인 교회에 거하신다. 예수 그리스도의 이름으로 두세 그리스도인들이 모인 곳에는 어디든지 하나님이 그 가운데 계신다(마 18:20). 그래서 교회는 가정집, 헛간, 들판, 숲, 교회 건물 등 다양한 장소에서 예배할 수 있다. 예루살렘의 초기 유대인 그리스도인들은 성전과 가정집 등 다양한 장소에서 모였다(행 2:46, 5:42).

묵상과 예배

1. 나의 몸이 성전으로 세워지지 않아 폐허로 있으면, 하나님을 예배할 곳이 없다.

2. 내 인생의 유일한 소망은 하나님의 집에 거하는 것이다(시 27:4).

3. 주님, 저의 몸을 성령의 전으로 정결하게 하시고 거룩한 집으로 세워 주소서.

4. 성령의 전에서 예배하려면, 먼저 주 예수님께 나아와 영적인 집으로 지어져야 한다.

5. 참된 예배자는 인간이 지은 지상의 성전에서가 아니라 성령으로 예배한다(요 4:21~24).

6. 나의 몸은 하나님의 성전이다.

7. 우리는 그리스도를 통해 하늘의 성소에 들어간다(히 10:19~20). 예수 그리스도는 죽음과 부활을 통해 하늘 성소에 들어가셨다(히 8:1~2). 내가 그리스도와 함께 죽고 부활해야 하늘 성소에 들어갈 수 있다.

8. 주 예수님은 우리를 하나님의 임재 안에 서게 하신다.

9. 우리는 그리스도의 임재로 우리를 성별하시고, 축복하시고, 도와주심을 하나님께 감사한다.

4부 성직자

어떤 사람이 하나님의 성소에 들어가 예배할 수 있는가? 하나님은 자신이 거룩하니 예배자도 거룩할 것을 요구하신다. 거룩하고 완벽한 사람만이 성소에 서서 주 하나님을 예배할 수 있다. 오직 거룩한 제사장(성직자)만이 하나님의 영광을 위해 섬길 수 있다.

10.
율법에 따른 성직자

📖 레위 제사장

구약의 율법에 따르면 레위 제사장이 성직자였다. 하나님은 이스라엘 열두 지파 중에서 레위 지파를 선택하여 성직자로서 성막에서, 그리고 나중에 성전에서 주의 영광을 위하여 예배하도록 하셨다.

하나님은 레위 사람 중에서 아론과 그의 남자 자손들을 제사장으로 임명하셨다(출 28:1, 41). 율법에 따른 성직자는 세습되어 몇 예외를 제외하고는 아론의 육체적 후손들로 제한되었다.

율법에 따른 성직자는 의식(儀式)적으로 거룩해야 했다. 그들은 물로 정화하고, 기름으로 칠하고, 제사장의 거룩한 옷을 입고, 성소의 제단에서 제물을 바치는 특별한 의식을 통해 거룩해졌다(출

28~29장). 이 성직 위임식은 성직자를 하나님께 제사장으로 성별하여 백성으로부터 구별됨을 나타냈다(레 8~10장).

의식적으로 더럽거나 신체에 흠이 있는 사람은 거룩한 하나님께 다가갈 수 없었다(레 21:16~17).

레위 제사장 중에서 선택된 대제사장은 하나님과 이스라엘 백성 사이에서 중재자 역할을 했다. 그는 하나님의 지상 성소를 감독하고, 영광과 권위의 상징으로 제사장 의복을 입었으며, 많은 의무와 특권을 가졌다. 여기에는 종교 의식을 수행하고, 하나님께 제사를 드리고, 하나님의 율법을 가르치고, 백성을 축복하는 일이 포함되었다. 오직 대제사장만이 하나님의 성소에 있는 지성소에 들어갈 수 있었다. 따라서 대제사장은 하나님의 특별한 은혜를 받은 거룩한 사람으로 간주되었다.

그러나 레위 대제사장은 약하고 완전하지 않고 일시적이었으며, 참된 대제사장인 예수 그리스도의 그림자 역할만 했다. 그들은 완벽하고 영원한 하늘의 대제사장을 가리켰다(히 7:26~8:2).

레위 음악가는 구약 예배에서 중요한 역할을 했다. 그들은 성막이나 성전에서 봉사하도록 그들의 재능으로 선택되고, 훈련을 받고, 성별되었다. 그들의 주요한 책임은 예배에서 노래와 악기를 사용하여 음악을 연주하고 인도하고 지휘하는 것이었다(대상

15:16~22, 25:6~7). 그들은 순수함과 위엄을 상징하는 고운 린넨 옷을 입었다.

율법은 구약의 백성에서 성직자와 평민을 구별했다. 이 구별은 성직자의 상위 계급과 평민의 하위 계급이라는 두 계급을 만들었다. 또한 율법은 하나님 나라로서의 이스라엘(출 19:6; 신 7:6)과 이방 국가들을 구별하였고, 남녀를 구별했다.

📖 평민

레위 제사장이 아닌 이스라엘 백성은 모두 평민이었다. 율법은 평민이 지상에 있는 하나님의 성소에 들어가 제사장의 성직을 수행하는 것을 금지했다(민 1:51, 3:10). 그래서 평민이 하나님을 예배하는 데 레위 제사장의 서비스가 꼭 필요했다. 다만 그들은 관찰자와 학습자로서는 예배에 참여할 수 있도록 허용되었다. 평민은 성직자를 하나님의 일에 대한 전문가로 여겼고, 예배를 집례하고 율법을 가르치는 성직자에게 의존했다.

📖 성회

성회는 주 하나님이 지정하신 성일에 하나님의 백성이 모이는 공동의 집회이다(레 23장). 백성은 집회를 통해 함께 하나님을 예배하고, 축제를 즐기며, 그분의 구원을 기억할 수 있었다. 이러한 집회는 또한 그들이 공동체 의식을 느끼고 서로의 교제를 경험하도록 도왔다.

매년 절기를 지킬 때 이스라엘의 모든 남자는 제물을 가지고 지상의 성소에 가서 여호와 그들의 하나님을 뵈어야 했다(출 23:14~17; 신 16:16~17). 제물을 성소로 가져가면 레위 제사장이 그들을 대신하여 하나님께 드렸다.

11.
기독교 성직자에서 율법주의적 요소

📋 성직자

■ 성직자의 신분

성직자제란 안수(서품)받은 성직자(목사 혹은 사제)는 하나님으로부터 제사장(성직자)의 신분과 중재자로서, 제사의 기능을 받아 소유하고 있다는 제도이다. 이 제도는 구약의 율법에 따른 것으로, 이를 교회 지도자들은 자신의 신분에 적용한다. 이로 인해 교회에서 성직자와 평신도를 구별한다. 성직자는 거룩한 제사장 직분을 가진 신성한 계급에 속하는 자이고, 평신도는 세속적인 일을 하는 일반 신자이다.

그러나 이러한 신분상의 등급 제도는 하나님이 신약의 백성에게 의도하신 것이 아니다. 베드로전서 2장 4~5, 9절, 요한계시록 1장 6절과 5장 10절이 말씀하는 것처럼, 하나님은 그리스도를 믿는 모든 사람을 거룩한 제사장으로 만드셨다. 그분은 그리스도인들 간에 구별을 하지 않으신다. 교회가 평신도에게 안수를 주지는 않지만, 그렇다고 해서 평신도가 성직자보다 열등하다는 의미는 아니다. 하나님은 모든 신자를 동등하게 사랑하시고 평가하신다.

모든 신자는 성령에 의해 그리스도 안으로 침례를 받아 그리스도와 합하여 하나가 되었다(롬 12:5; 고전 12:13; 갈 3:27~28). 그리스도의 몸인 교회에서는 성직자와 평신도, 안수받은 교역자와 일반 신자, 유대인과 이방인, 남자와 여자의 구별이 없다. 모두 그리스도 안에서 하나이다(엡 2:11~22).

예수 그리스도의 복음에 따르면, 모든 신자는 하나님의 은혜를 통해 거룩한 제사장으로 부름을 받았다. 그리스도 안에 있는 모든 성도는 동료 성직자로서 신분과 지위가 동일하다(롬 16:3; 빌 2:25; 몬 1:24). 교회에서 각기 은사와 역할이 다를 뿐이다.

잘 알다시피, 성직자는 신학이나 관련된 과목을 공부하고, 교회나 다른 종교 단체에 의해 안수를 받고 종교적 직분을 부여받은 사람이다. 신학은 하나님을 이해하려는 인간의 학문이며, 그것으로 하나님의 신비를 온전히 이해할 수 없다(고전 1:21). 신학 교육과 안수가 크리스천 사역자가 되는 데 유익하지만, 참된 성직자는 성령을 가진 자이다. 성령님이 사람을 성직자로 만드시지, 인간이 만들 수 없다. 참 성직자는 그리스도를 통하여 성령으로 안수받은 자이지, 신학과 안수식으로 만들어진 자가 아니다.

교회에서 행하는 성직자의 안수식은 성령의 안수를 받은 사람에게 행하는 종교 의식이다. 안수 후보자의 머리에 손을 대는 것은 성령이 그 사람을 성직자로 안수하셨다는 것을 상징한다. 사람의 안수를 통하여 성령의 능력을 내려 줄 수 없다.

■ 성직자의 기름 부음, 사역, 권위 및 존경

많은 성직자는 하나님으로부터 기름 부음을 받아 성직자 직분을 위임받았다고 믿고(출 28:41), 레위 제사장처럼 행동한다. 그들은 스스로를 하나님과 인간 사이의 중재자로 높인다. 제사장적 역할과 권한을 가지고 있다고 주장하며 자신을 평신도보다 우월한 지위에 둔다. 예를 들어, 가톨릭 신자가 죄를 지었을 때 죄를 용서할 권한을 가진 주교나 사제에게 죄를 고백해야 한다. 그들은 죄인으로부터 죄의 고백을 듣고, 하나님의 이름으로 죄를 용서한다.

가톨릭 교회는 고해 성사에서 사제의 사죄권 교리를 지지하기 위해 요한복음 20장 19~23절을 인용한다. 23절에서 주어진 사죄권의 의미를 이해하기 어려운데도 불구하고, 억지로 해석하여 예수가 제자들에게 위임한 사죄권이 사제에게 계승되었다고 주장한다. 성경의 문맥에서 예수님이 성령을 받은 열한 제자(사도)들에게 사죄권을 주신 것은 분명하나, 안수받은 가톨릭 사제에게 주신 것은 불분명하다.

제일 중요한 것은, 하늘에 계신 그리스도 예수님이 하나님과 인간 사이의 신약의 유일한 중보자라는 사실이다(딤전 2:5; 히 7:24~25, 8:6). 고해 성사와 사제를 통하지 않고, 예수 그리스도를 통해 우리가 직접 하나님께 죄를 자백하면 하나님은 우리 죄를 사하신다(요일 1:9).

가톨릭 주교와 사제는 성찬 제정과 축성문을 통해 빵과 포도주가 실제 예수 그리스도의 성체와 성혈이 되는 거룩한 변화가 이루어진다고 주장한다. 그러나 우리가 주목할 점은 고린도전서 11장 23~26절에서 사도 바울은 빵과 포도주를 그리스도의 현존이 아니라, 세상 사람들의 죄를 위한 그리스도의 희생을 기념하는 것으로 언급했다는 점이다.

목사와 사제는 자기 자신을 성경, 신학, 기독교 사역 등 하나님과 관련된 일들에서 전문가이자 권위자로 여긴다. 그들은 성직자의 특권으로서 예배를 집행하고, 하나님의 말씀을 설교하고, 기독교 교리와 실천을 가르치고, 축도를 선포하고, 종교 의식을 주재하고, 안수를 행할 수 있는 독점적인 권리를 주장한다.

그러나 이러한 사역이 반드시 안수받은 성직자에 의해서만 행해질 필요는 없다. 그리스도인은 레위 제사장의 특정인에 의해서만 성직자 직무가 행해지던 구약의 율법 시대에 속하지 않는다. 모든 신자가 거룩한 제사장으로서 사역할 수 있는 신약의 성령의 시대에는 영적 자격을 갖춘 교인이라면 누구나 크리스천 사역을 적절하고 질서 있게 수행할 수 있다.

일부 목회자는 성직자의 권위로 교회를 통제하면서, 율법 아래에서 이스라엘 평민들에게 권세를 행사했던 레위 제사장들처럼 행동한다. 그들은 특권 계급이고 거룩하다고 여기며, 일반 신자들로부터 경외와 존경을 기대한다. 또한 그들은 교회에서 높은 자리에 앉는다. 이러한 행동들은 지배하기보다 섬기라고(마 23:9~12) 부르신 하나님의 뜻에 어긋나는 것임을 유의해야 한다.

성직자는 제대 혹은 설교단에서 회중을 마주하여 예배를 인도한다. 성직자가 평신도를 위해 예배를 인도하는 개념은 구약의 율법을 따른다. 성직자가 예배에서 주된 역할을 하는 동안, 회중은 예배를 참관한다. 성직자는 예배의 모든 일을 하는 사람이고, 평신도는 단순히 지원하고 지켜보는 자들이다.

■ 성직자복

교회 예배에서 성직자의 두드러진 위치는 쉽게 눈에 띈다. 레위 제사장처럼 성직자는 성직의 영광과 아름다움을 드러내기 위하여 카속, 가운, 영대, 칼라, 스톨, 장갑 등 성직자의 복장을 갖추는 경우가 많다. 특히 가톨릭과 정교회 사제는 전례력에 따른 여러 가지 색의 정교한 제의복을 입는다. 성직자복은 성직자의 신분과 권위, 그리고 지위를 전달하는 수단으로 사용된다. 그러나 성직자복이 그 사람을 성직자로 만들지 않는다. 성직자복은 겉치레일 뿐이다.

예배에 적합한 복장으로 무엇을 입어야 하는가? 성직자복, 정장과 넥타이, 아니면 평상복 중 어느 것을 선택해야 하는가?

주 예수님은 요한계시록 3장 18절에서 우리에게 순결과 거룩함의 흰 옷을 입으라고 권하신다. 따라서 성직자복을 입든 평상복을 입든 상관이 없다. 중요한 것은 예수님이 언급하신 흰 옷을 입는 것이다. 흰 옷을 입지 않은 자는 하나님 앞에서 벌거벗어서 수치심으로 성소에 들어갈 수 없다.

하나님의 말씀을 불순종한 아담과 하와는 자신의 벌거벗음을 자각하고 수치심을 느꼈다. 그들은 무화과나무 잎으로 몸을 가리고, 에덴동산의 나무 사이에 주 하나님을 피해 숨었다(창 3:7~8).

우리도 옷을 입어도 때때로 하나님 앞에서 벌거벗은 자로서 수치심을 느낀다. 죄를 짓고 벌거벗어 부끄러움을 깨달을 때, 우리는 스스로의 노력으로 벌거벗음을 가리려고 노력한다. 얼굴을 감추기 위해 가면을 쓰고, 마음을 가리려고 위선을 입는다. 우리는 하나님과 사람들에게 죄와 비밀을 숨기고, 두려움과 죄책감 속에서 도망자처럼 살아간다. 벌거벗음이 드러나면 우리는 신음하며 거룩한 흰 옷을 갈망한다.

하나님은 구세주 예수님에게로 나아와 거룩한 옷을 입으라고 부르신다. 흰 옷은 하나님의 아들 예수를 믿는 모든 사람에게 무료로 주시는 선물이다. 그리스도를 통해 나타난 거룩함의 영광을 입음으로써 우리는 확신을 가지고 성소에 들어갈 수 있다.

실제로 공동 예배에 알맞은 복장은 무엇인가? 고린도전서 10장 23~24절은 말씀한다.

"모든 것이 허용되지만, 모든 것이 유익하지는 않다. 모든 것이 허용되지만, 모든 것이 사람을 세우지는 않는다. 아무도 자기의 것을 추구하지 말고, 오히려 남의 것을 추구하라."

그리스도인으로서 우리는 정장이든 평복이든 원하는 대로 옷을 입을, 복음에 있는 자유와 권리가 있다. 그러나 우리의 복장이 다른 사람에게 불쾌감을 준다면, 우리의 문화나 권리를 강요하는 것은 삼가야 한다. 사도 바울이 이웃을 불쾌하게 하지 않기 위해 모든 사람에게 모든 것이 되었던 것처럼, 우리도 그리스도의 은혜와 사랑의 법을 따라서 다른 사람의 유익을 구해야 한다.

예배 시에 목회자가 평상복을 입으면 격식 갖춘 복장을 선호하는 자들에게 불쾌감을 줄 수 있다. 그러나 평상복을 입은 회중 앞에는 목회자가 평상복을 입고 나타날 수 있다.

■ 성직자의 지위

성경은 하나님의 교회를 영적인 집(엡 2:19~22; 벧전 2:4~5)과 그리스도의 몸(고전 12:12~14, 27)으로 묘사한다. 교회는 첫째, 예수 그리스도가 머리이시고, 모든 신자들이 지체가 되는 영적이고 살아 있는 유기체이다. 둘째, 교회는 교직자와 건물이 있는 세상의 기관이 아니라 그리스도 안에서 성령에 의해 성화된 성도들, 즉 성직자들의 모임이다(고전 1:2; 엡 5:25~27). 셋째, 교회는 하나님의 가족으로서 동등한 형제자매로 이루어진 공동체이다(마 23:8; 엡 2:19).

그러나 많은 교회 지도자들은 교회를 교직자와 건물이 있는 기관으로 설립하고, 세상의 초보 원칙에 따라 조직한다. 율법주의적인 교회는 목회자의 대제사장적 위계를 채택하여, 목회자를 수직적인 교회 구조의 최상위에 배치하고 제왕적 권한을 부여한다. 군대 조직처럼 교회에도 계급과 서열이 있다. 예를 들어, 가톨릭 교회의 최고위 성직자는 로마 교황이다. 개신교회에는 지역 교회의 수장인 담임목사가 있다.

교회의 머리는 예수 그리스도이지 교황이나 담임목사가 아니다. 담임목사나 교황은 교회의 구성원으로서 봉사하는 기능일 뿐 위계적 권위의 지위가 아니다. 목회자의 직무는 영적인 인도로 하나님의 양 떼를 이끄는 것이다. 목자는 양 떼를 모범으로 이끌어야 하며, 자신의 목적을 달성하기 위해 양 떼를 몰아붙이거나 교회 위에 군림해서는 안 된다(딤전 4:12; 벧전 5:1~3).

예수님은 마태복음 20장 26~28절에서 이렇게 말씀하신다.

"…누구든지 너희 가운데 위대하고자 하는 자는 너희의 종이 되어야 하고, 누구든지 너희 가운데 첫째가 되고자 하는 자는 너희의 노예가 되어야 한다. 인자가 섬김을 받으러 온 것이 아니라 섬기러 왔고, 자기의 생명을 많은 사람을 위한 몸값으로 주려 함과 같다."

따라서 목회자는 예수 그리스도의 모범을 본받아 교회의 통치자가 아니라 섬기는 자로서 교인들을 섬겨야 한다.

그럼에도 불구하고, 위계적 교회에서는 담임목사나 주교가 통치자의 지위를 가지고 있다. 절대적인 권위를 가지고 교회를 지배하고, 세상의 경영 원리에 따라 교회를 운영한다. 이로 인해, 한 사람이 회중에게 독재적인 권력과 통제를 행사할 수 있다. 교황이나 담임목사가 수장으로 있는 교회의 위계는 하나님이 아니라 세상으로부터 온 것이다.

📖 평신도

평신도는 안수와 성직을 받지 아니한 신자를 말한다. 이들은 종종 성직자로부터 영적 지식과 사역 능력을 인정받지 못해 무시와 과소평가를 경험한다. 이러한 경험은 많은 평신도가 하나님을 섬길 수 있는 능력과 적합성이 있는지 의문을 갖게 만든다. 그 결과, 예수 그리스도 안에 있는 소명과 영적 은사를 인식하거나 활용하지 못하고, 수동적 방관자가 되어 영적 인도와 성장을 성직자에게 의존하게 된다. 이들은 찬송가를 부르고, 성경을 읽고, 신조를 암송하고, 기도를 드리는 것으로만 공동 예배에 참여하며, 과거 유대인 평민처럼 예배에 제한적으로 참가한다.

일반적으로, 평신도는 목회자를 하나님이 거룩하게 하신 성직자로 여기고, 하나님에 관한 한 전문가로 생각하고, 종교 의식과 성직자의 축복을 위해 그들에게 의존한다. 이는 세상의 일반인이 자신의 필요를 위해 의사, 변호사, 기사, 회계사 등 전문가에게 의존하는 것과 같다.

평신도가 성직자를 우상화하면 성직자를 거룩하고 가까이 갈 수 없는 지위를 가진 분으로 인식하여, 하나님과 성경에 대한 질문을 못하는 경우도 있다. 성직자가 잘못하거나 악한 행동을 하더라도 그 권위 앞에 의문을 제기하지 못할 수 있다.

일부 성직자는 교회에서 평신도의 중요한 역할을 인식하고, 평신도 사역에 필요한 훈련을 하고 있다. 이들의 목표는 평신도를 깨워 제자 훈련을 통해 평신도 사역자로서 하나님을 섬길 수 있도록 가르치는 것이다.

그러나 '평신도'와 '평신도 사역자'라는 용어는 성령의 신약에서 모든 신자가 거룩한 제사장으로서 성직자이므로 잘못이다. 그리스도 안에서는 성직자와 평신도의 율법적 구별이 없다.

📖 예수의 제자

목회자들은 교인이 예수 그리스도를 믿어 기독교인이 되면, 제자 훈련을 통하여 예수의 제자가 되어 제자도의 길을 걷게 하려고 가르친다. 그러나 예수의 제자가 되는 것과 그리스도인으로 성장하는 것은 전혀 다르다. 사실, 그리스도인은 예수의 제자가 아니다.

예수의 제자가 되는 것이 무엇을 의미하는지 이해하려면, 예수님의 지상 사역 당시의 유대 문화를 살펴봐야 한다. 그 맥락에서 제자는 다음과 같다.
  유대교의 율법과 전통을 가르치는 선생인 랍비를 따르는 추종자
  랍비의 가르침을 받고 그의 삶의 방식을 배우는 학생
  랍비의 모범을 따라 그이처럼 되려고 노력하는 모방자

복음서에 나오는 예수의 제자들은 그의 추종자였고 학생이었다. 그들은 예수님에게서 배우기 위해 모든 것을 버리고 그를 따랐다. 마태복음 28장 19절에서 "모든 민족을 제자로 삼아"라는 말씀은 문자 그대로 "모든 민족을 예수의 제자로 삼아"라는 뜻이다[사도행전에서부터는 믿음으로 성령을 받은 예수의 제자들이 그리스도인

이라 칭함을 받았다. 행 11:26].

예수의 제자가 된다고 해서 영적 지식이나 성장이 보장되는 것은 아니다. 열두 제자들은 예수님과 함께 3년을 보냈음에도 여전히 그분이나 하나님 아버지를 온전히 알지 못했다(요 14:5~9). 제자 신분이 되었다거나 제자 훈련을 받는다 해서 하나님을 확실히 알 수 없다.

오랫동안 예수님의 제자 훈련을 받은 후에도 한 제자는 그분을 배신했고, 한 제자는 그분을 부인했으며, 그분이 재판과 십자가에 못 박히실 때 모두 그분을 버렸다. 예수의 일반 제자들도 그분의 가르침을 이해하지 못하자 돌아서서 그분을 따르는 것을 그만두었다(요 6:60~66).

오늘날도 예수의 제자들은 그리스도 예수에 대한 확신의 결여로 인해, 이해하기 어려운 성경 말씀, 개인적인 고난과 실망, 교회에서 좋지 않은 경험 등 다양한 이유로 신앙을 버리고 예수를 떠나 각각 자기 갈 길을 간다.

반면에, 그리스도인은 다음과 같은 사람이다.
- 성령 침례에 의해 그리스도와 합하여 하나가 된 사람이다(고전 12:13; 갈 3:27). 그리스도인은 그리스도 예수의 죽음과 부활을 함께하고(롬 6:3~5), 율법에 대하여 죽었고 율법에서

벗어났다(롬 7:4~6).
- 예수 그리스도를 믿음으로 성령에 의해 거듭난 하나님의 자녀이다. 하나님의 자녀는 성령과 영생을 가지고 있다(요 3:15; 행 2:38; 롬 8:16).
- 그리고 그리스도인은 새로운 피조물이다. 성령에 의해 하나님의 형상과 영광으로 변화되어 간다(고후 3:18, 5:17).

예를 들어, 사도 베드로는 예수의 제자였을 때, 예수가 재판을 받는 동안 그분을 부인했다. 하지만 오순절에 성령 침례를 받고 성령을 받음으로(행 2:1~4) 그리스도인이 되었다. 그는 성령으로 담대하게 그리스도 예수를 증거했다(행 2~5장).

이와 같이, 그리스도인은 예수의 제자나 추종자가 아니라, 그리스도와 합하여 하나가 된 사람이다. 사람의 육으로 태어난 자연인이 성령으로 거듭난 하나님의 자녀이다. 하나님의 영이 내주하신다(롬 8:9). 그리스도인은 성령으로 예배하는 참된 예배자이다(요 4:23~24; 빌 3:3).

📖 인간의 행위로 만든 성인

로마 가톨릭 교회는 탁월한 거룩함을 보여 주고 기적을 행한 자들이 죽으면 성인의 반열에 더하고, 가톨릭 신앙과 실천의 모범적인 모델로 삼아 경의를 표한다.

그러나 교회는 사람에게 성도의 신분을 부여할 수 없다. 성도의 신분은 사람의 업적으로 얻을 수 없기 때문이다. 우리가 하나님의 성도가 될 수 있는 적합성은 하나님으로부터 나온다. 성령님이 그리스도를 믿는 모든 사람을 성도로 성화하신다(고전 1:2). 성화와 성도의 신분은 인간의 노력으로 얻을 수 있는 것이 아니라 하나님의 일이다.

교역자

교역자는 신학 교육과 사역 훈련을 받고 교회에서 교역에 종사하는 목사나 강도사, 전도사이다. 즉, 기독교의 전문 직업인이다. 이들은 전문적인 예배 사역을 위해 훈련을 받았던 레위 제사장과 음악가와 비슷하다. 교회가 더 조직화되고 사역이 더 전문화됨에 따라 교역자도 더 직업화된다. 이로 인해, 전문직 교역자와 아마추어 일반 신자 사이에 구별이 있다.

오늘날 많은 기독교인이 교역자가 되려고 신학을 추구하여 신학자와 성경 학자는 많아졌으나, 하나님이 요구하시는 자격을 갖춘 성직자는 적다. 성경은 목회자와 집사가 영적 특성을 갖도록 요구한다(딤전 3:1~13; 딛 1:5~9). 하나님은 성령으로 예배하는 자를 찾으신다. 크리스천 사역은 성령의 사역자를 필요로 한다. 왜냐하면 크리스천 사역은 세상의 직업이 아니라 하나님의 소명이기 때문이다(롬 1:1; 고전 1:1). 하나님은 예수 그리스도의 은혜로 사역자를 부르시고 성령으로 준비시킨다.

전문 교역자는 목회, 교회 음악, 상담 및 교육 등 직업적인 사역을 담당한다. 그들은 예배를 수행하는 전문 기술에 따라 채용되고, 그에 따른 보상을 받는다. 목회자는 다른 분야의 전문가와 마찬가지로 지속적인 교육과 훈련이 필요한 전문 직업인으로 취급된다. 목회자로 사역하고 교회에서 급여를 받는 동안, 신학이나 목회학 박사 과정을 밟는 이들도 많다.

교회는 신학, 목회학, 선교학, 철학, 심리학, 음악학 등 다양한 인간 과학 분야의 박사 학위를 소지한 목회자를 선호하는 경향이 있다. 그들은 하나님의 소명과 영적인 은사보다 학문적인 자격과 웅변을 더 중요하게 평가한다. 사도 바울은 말을 잘하지 못했으므로(고후 11:6) 오늘날 교회가 요구하는 자격에 미달할 수도 있다.

바울은 언변의 능력이나 지혜로 하지 않고 성령의 능력으로 예수 그리스도의 복음을 전했다(고전 2:1~5). 웅변의 연설과 학자적 참고서에 의존하여 회중을 감동시키려고 노력하는 목회자는 하나님의 양 떼를 영적인 성장과 성숙으로 인도하지 못할 수 있다.

성악과 기악을 사용하여 예배에 전문적인 음악 서비스를 제공하기 위해, 구약의 레위 음악가들처럼 전문 음악가를 사용하는 교회도 있다. 교회 찬양대는 일반적으로 레위 찬양대처럼 예복을 입고 전용 공간에서 활동한다. 크리스천 예배에서 오르간 연주자, 피아니스트, 지휘자, 찬양대 가수, 독창자, 기악가 등 전문 음악가들은 구약 시대의 전통을 반영한다. 그러나 하나님의 신약 백성은 전문적인 음악이 아닌 성령으로 예배한다.

전문직 음악가는 일반적으로 대형 교회에 고용된다. 이들은 찬양대 지휘자, 예배 인도자, 예배팀 또는 찬양팀 지도자이다. 소프라노, 알토, 테너, 베이스 등 다양한 음역을 가진 성악가들로 구성된 찬양대가 있는 교회도 많다. 교회 음악가는 대부분 자신의 음악 사역을 하나님의 소명으로 여긴다.

요약하자면, 교회에서 성직자제와 전문직 교역자는 율법의 원칙을 따른다. 예수의 제자는 그리스도인이 아니다. 크리스천 예배에서 성직자와 평신도, 예수의 제자와 제자 훈련, 교역자는 구식이고 쓸모없다.

12.
그리스도에 따른 성직자

📖 성령의 성직자

그리스도에 따른 성직자는 성령의 성직자이다(고후 3:6). 예수 그리스도는 세상의 죄를 위해 십자가에 못 박혀 죽으시고, 유대인과 이방인 모두에게 영원한 구원을 얻게 하셨다. 이로 인해, 신자는 모두 성직자로서 주 하나님을 직접 예배하게 되었다(히 9:11~14).

그리스도 예수를 믿었을 때 우리는 죄의 더러움에서 성령에 의해 씻음을 받았다. 우리의 마음과 몸이 깨끗해졌고 성령의 선물을 받았다. 성령님은 우리를 성화하셔서 거룩한 제사장으로 만드셨다. 성령의 성직자는 하나님의 영으로 예배하는 참된 예배자이다.

■ 성직자의 검증

성령 침례를 받은 자는 모두 그리스도를 통해 성령을 받았다. 우리는 성령에 의해 자신이 성직자임을 마음과 경험으로 알고 있다. 그러나 자신이 성령의 성직자인지 확인하고 싶다면, 다음 기준을 통해 자가 검증을 할 수 있다.

회개하여 예수 그리스도의 이름으로 성령 침례(세례)를 받고 성령을 받았는가?(요 14:16~17; 행 2:38)

십자가의 메시지를 다른 사람들에게 담대하게 선포하는가?(행 1:8, 4:31; 롬 1:16)

하나님과 말씀을 사랑하는가?(롬 5:5; 요일 3:19~24)

성령으로 예배하는가?(롬 7:6; 고후 3:6; 엡 5:18~21)

성령을 따라 행하는가?(롬 8:4; 갈 5:16~18)

성령의 열매를 맺고 있는가?(요 15:5~8; 갈 5:22~25)

이 모든 질문에 기쁨과 확신을 갖고 "예"라고 대답한다면, 당신은 성령의 성직자이다. 그럴 수 없다면, 당신은 그리스도인도 성직자도 아니다.

모든 신자가 성직자

그리스도에 따르면 모든 신자는 거룩한 제사장(벧전 2:5, 9; 계 1:6), 즉 성직자이다. 새신자를 포함한 모든 성도는 성직자이며, 그리스도를 통해 하나님께 직접 다가가 예배할 수 있다. 신자 모두가 성직자로 동일한 소명을 받았지만 하나님의 영광을 위해 수행할 사역은 다르다.

목회자는 장로, 목자, 감독자로서 목회 사역을 하며, 다른 교인들은 교회를 세우고 하나님의 영광을 위해 자신의 소명과 영적 은사를 행사한다. 우리는 교회 지도자를 존중하고 그에게 순종해야 하지만(히 13:17), 이러한 존중이 각 신자의 사역의 중요성을 감소시키는 것은 아니다.

신학교를 졸업하지 않았고 교회에서 목사 안수를 받지 않았기 때문에 성직자 자격이 없다고 느끼는 사람들이 있다. 마음속으로 자신이 평신도라고 생각한다면 성소에 들어가지도 못하고 하나님을 예배할 수도 없다. 왜냐하면 오직 성직자만이 하나님의 임재에 접근하여 예배할 수 있기 때문이다.

하나님을 떠나 세상에서 방황하고 있다면, 하나님은 당신이 성직자가 되도록 부르신다. 지금 예수께로 눈을 돌려 주의 영광을 바라보면, 당신은 성령에 의해 하나님의 형상과 영광으로 변화된다(고후 3:16~18). 누구나 그리스도 예수를 믿음으로 성령을 받고 성직자가 된다.

전임 성직자가 되기 위해 현재 직장을 그만둘 필요는 없다. 어떤 직업을 가졌든 성직자로서 주 하나님을 섬길 수 있다. 하나님의 영광을 위한 일이라면 모든 일이 똑같이 거룩한 사역이다.

또한 성직자가 되기 위해 반드시 목회자가 될 필요는 없다. 하나님은 사도, 목사, 교사, 장로, 집사, 선교사 등 성직자들을 다른 역할로 부르시기 때문이다. 어떤 소명을 받았든, 교회에서든 세상에서든, 성령을 받은 자는 모두 성직자이다.

■ 회중 예배

모든 신자의 거룩한 제사장직은 회중 예배에서 표현된다. 성령의 성직자로서 우리는 공동 예배를 인도할 안수받은 성직자나 전문 교역자에게 의존하지 않는다. 오히려, 성도 모두가 거룩한 제사장으로 성직자이며, 크리스천 예배에서는 공연자나 관중이 없고 오직 참여자만 있을 뿐이다. 교회 예배는 회중 전체의 공동 봉사이다. 예배를 위해 함께 모일 때 우리의 초점은 목사나 사제가 아니라 그리스도 예수에게 있으며, 그분을 통해 성령으로 하나님을 예배하고 서로를 섬겨 덕을 세운다(엡 5:18~19; 골 3:16).

천국에서는 예배가 회중적이며, 모두가 함께 참여하여 주 하나님을 찬양하고 예배한다(계 5:11~14).

하나님의 교회는 모퉁이의 머릿돌이신 예수 그리스도 위에 세워진 영적인 집으로, 산 돌인 교인들로 구성되어 있다(벧전 2:4~5). 이 산 돌의 비유는 교회 구성원 모두가 성령의 침례를 통해 그리스도와 연합하여 생명을 얻었고, 영적인 집에 기여하며, 교회의 영적인 삶에 필수적 역할을 한다는 의미이다. 마치 인체의 각 기관이 사람의 생명을 유지하는 데 필요한 기능을 수행하듯이, 교회의 각 구성원은 하나님을 예배하고 교회를 세우기 위해 특수한 기능을 수행한다.

회중 예배에서는 교회 구성원 모두가 능동적으로, 전적으로 참여한다. 성령의 성직자 모두가 하나님의 영광을 위해 성경을 가르치고, 하나님의 말씀을 전하고, 하나님께 기도하고, 물 침례와 성찬식을 시행한다. 공동 예배에서 교회가 평화와 질서를 유지하는 한(고전 14:40), 모든 교인은 각자 자신의 소명과 은사를 교회의 세움에 사용한다(고전 14:26).

예배송은 전문 음악가에게 국한되지 않고 모든 교인들이 참여한다. 예배를 위해 모이는 모든 신자가 성령으로 마음에 있는 찬송과 영적인 노래를 주님께 바친다. 음악적 재능이나 훈련이 없는 교인도 하나님께 마음으로 찬양과 감사의 노래를 드릴 수 있다. 음치, 심지어 벙어리도 그들의 영으로 하나님께 예배송을 드릴 수 있다. 이것이 예수 그리스도의 복음이며, 예수 그리스도를 믿는 모든 이에게 주어진 성령의 나타남이다. 이것이 율법에 따른 예배자와 그리스도에 따른 예배자의 차이이다.

묵상과 예배

1. 하나님의 예배자는 거룩해야 한다. 예배보다 먼저 거룩한 예배자가 되어야 한다.

2. 아버지여, 저를 거룩하게 하여 아버지의 영광 앞에 세우사 예배하게 하옵소서.

3. 크리스천 성직자는 그리스도의 은혜로 하나님의 부르심을 받아 성령으로 거룩하게 된 자이다.

4. 그리스도인은 예수의 제자나 추종자가 아니라, 하나님의 자녀로서 아버지의 뜻을 알고 사랑으로 섬기는 사람이다.

5. 모든 신자는 성직자이다.

6. 성령의 성직자가 참된 예배자이다.

7. 교회 예배는 전문적이 아니라 회중적이다.

5부   예배 봉사

예배란 주 하나님께 희생 제물을 바치는 제사의 봉사이다. 하나님의 제사장은 제물을 가져와 성소에 들어가서 하나님께 제물을 드리고, 그분의 영광을 위해 섬긴다.

하나님께서 모든 제물과 제사를 받으시는 것은 아니다. 말하자면, 하나님을 헛되이 예배할 수 있다. 그러므로 예배자는 하나님께서 기뻐 받으시는 제물과 제사를 드리는 방법을 알아야 한다. 어떤 제물을 가지고, 하나님께 가서 어떻게 예배를 드리면 될까?

다음 네 장에서는 율법, 율법주의, 그리스도에 따른 제물과 거룩한 제사장직을 살펴볼 것이다.

13.
율법에 따른 예배 봉사

이 장은 기독교 예배 봉사에서 율법주의적 요소를 감지하기 위해 율법에 따른 예배 봉사의 개략을 제공한다.

📖 율법이 규정한 자연의 제물을 바치는 레위 제사장직

모세의 율법은 레위 제사장직과 제사를 규정한다. 율법(레 1~10장; 민 28~29장)에는 자연의 제물과 예물을 바치는 일에 대한 상세한 지침이 포함되어 있다. 레위 제사장은 율법에 따라 지상의 성소에 들어가 제물과 예물을 드리며 주 하나님을 섬겼다.

지상의 성소에 있는 지성소에 들어가 이스라엘 백성의 죄를 위한 제물을 바치는 봉사는 대제사장에게 유보되어 있었다(히 5:1). 일 년에 한 번, 속죄일에 대제사장은 하나님의 임재에 들어가 자신과 백성의 죄를 위해 희생 동물의 피를 하나님께 바쳤다

(레 16장; 히 9:7). 그는 동물의 제물과 다른 예물을 바치며 하나님과 이스라엘 백성 사이의 중재자로서 주를 섬겼다. 율법이 규정한 희생 동물은 소, 양, 염소, 송아지, 비둘기 등이었다(레 4:3, 5:15; 히 9:12~13).

그러나 레위 제사장직과 제물은 완전하지 않았다. 대제사장은 율법에 따라 죄를 위해 제물을 바쳤지만, 희생 동물의 피가 죄를 없애거나(히 10:4, 11), 예배자의 양심을 완벽하게 만들 수 없었다(히 9:9, 10:1). 이러한 동물의 제물은 사람들에게 영원한 구원을 제공하지 못했다. 그래서 레위 제사장은 해마다 똑같은 제물을 바쳐야 했다.

동물의 제물은 세상 죄를 위한 예수 그리스도의 희생을 상징하며, 하나님의 영원한 구원을 위해 그리스도가 드린 단번의 완전한 희생을 가리켰다(히 9:11~12). 레위 제사장직은 그리스도의 참된 제사장직의 모형에 불과했다.

율법에 따르면, 죄를 속죄하기 위해 동물의 제물을 바치는 대제사장의 봉사가 구약 예배의 중심이었다. 대제사장은 백성에게 하나님의 이름으로 제사장의 축복을 주었고(민 6:22~27), 율법을 가르쳤다(레 10:8~11; 신 17:8~11).

레위 대제사장직과 제사에 대한 상세한 설명은 출애굽기, 레위기, 민수기에 기록되어 있다. 그러나 이제 그리스도의 완전한 대제사장직과 제물이 왔기 때문에 그것을 자세히 설명할 필요는 없다.

레위 제사장들은 정기적으로 지상의 성전에 있는 성소에 들어가 찬양과 감사의 제사장 직무를 수행했다(대상 16:4~36; 대하 8:14). 또한 성소에서 향을 피우고 등을 밝히고 이스라엘 백성에게 율법을 가르치는 등 다양한 임무를 수행했다.

나머지 레위인들은 하나님의 집을 돌보고(출 38:21; 민 1:50), 제사장을 보좌하고(민 3:5~9; 대상 23~24장), 음악으로 하나님을 예배하는(대상 25:1~8; 대하 5:12~14) 등 하나님의 집에서 봉사했다.

음악은 예배를 높이는 역할로서, 율법에 따른 예배에 필수적인 부분이었다. 레위 음악가들은 다윗의 장막과 후에는 예루살렘 성전에서 예배를 위해 전문적인 음악 서비스를 제공했다(삼하 6:5; 대상 6:31~47, 13:8, 15:16~22).

📑 율법에 따른 예배 봉사의 특성

율법에 따른 예배 봉사에는 의식적, 신체적, 상징적, 형식적, 음악적 요소가 있다. 구약 예배에는 율법이 규정한 일련의 의식 행위가 있다. 의식적 예배는 그리스도 안에 있는 영적 예배의 그림자에 불과하다.

구약 예배에는 신체적 요소가 포함되었다. 예배자들은 노래하고 춤추고(시 150:4), 손을 들어 올리고(시 63:4, 134:2), 손뼉을 치고(시 47:1), 동물의 제물을 하나님께 바치는 등 신체적 행동을 통해 예배를 표현했다.

상징적 행동의 감각적 수단도 율법에 따른 예배의 필수적인 부분이었다. 예를 들어, 레위 제사장이 바치는 동물의 제물은 예수님의 십자가 속죄를 위한 죽음을 상징하는 것이었다. 황금 제단에서 분향하는 것은 하늘로 올라가는 기도를 상징했다.

율법에 따른 예배는 외형적인 전례 형식이 존재하여 형식적이며 구조화된 예배였다. 그 때문에 제사장은 직무 수행에 있어 엄격한 형식과 절차를 따라야 했다(레 16장).

음악과 춤은 구약 예배의 중요한 요소였다. 예배자들은 성악과 기악으로 하나님을 찬양하고, 춤으로 그분의 전능한 행위를 송축했다. 예를 들어, 모세와 미리암과 백성은 홍해에서 하나님의 승리에 대해 음악과 춤을 사용하여 감사했다(출 15:1~21). 다윗 왕은 언약궤를 예루살렘으로 가져왔을 때, 주님 앞에서 춤을 추며 기뻐했다(삼하 6:12~16). 솔로몬 왕도 성전을 봉헌할 때 음악을 사용했다(대하 5:11~14).

📖 하나님이 받으시는 제물

주 하나님께서는 구약의 백성에게 무엇을 요구하셨을까? 구약 성경은 하나님에 대한 사랑과 그분의 말씀을 순종하는 것이 제물을 드리는 것보다 우선한다고 분명히 말씀하고 있다(삼상 15:22; 렘 7:22~23). 주님은 백성에게 마음과 혼과 힘을 다하여 그들의 하나님 여호와를 사랑하고 예배하며 섬길 것을 명령하셨다(신 6:4~5, 10:12).

하나님은 백성이 먼저 주님의 뜻을 행하고, 율법이 요구하는 제물을 바치는 제사장 의식을 수행하기를 원하셨다. 이는 율법의 순종이 사랑과 예배를 보여 주었기 때문이다(신 30:11~20). 하나님은 자신의 말씀을 순종하는 삶 없이 드리는 예배를 기뻐하지 않으신다. 하나님은 악을 행하는 줄도 모르며 사는 우매한 자들의 예배를 수용할 수 없다(전 5:1).

■ 의로운 제물

하나님은 제물보다 의인을 더 기뻐하신다(시 15:1~5, 51:16~19; 미 6:6~8). 가인과 아벨의 이야기는 이 원리를 잘 보여 준다. 아벨은 믿음으로 하나님께 제물을 드렸다. 하나님은 의로운 아벨과 그의 제물은 받으셨으나, 불의한 가인과 그의 제물은 받지 않으셨다(창 4:4~7; 히 11:4).

이스라엘 백성이 의로운 삶 없이 하나님을 예배했을 때, 하나님은 기계적으로 의식을 행하지 말라고 경고하셨다(사 1:10~17; 암 5:21~24). 사랑과 정의의 경건한 삶이 결여되었을 때 그들의 축제, 성회, 제물을 거절하셨다. 죄인의 제사는 하나님이 싫어하시며(잠 15:8, 21:27), 그분은 그들의 기도와 노래, 부정한 입술의 말을 듣지 않으셨다.

자비로운 하나님은 상하고 통회하는 마음을 멸시하지 아니하시고, 상한 영을 구하신다(시 51:17). 그러므로 죄인은 먼저 회개하고 믿음으로 하나님의 의를 가질 때에, 하나님이 기뻐하시는 의로운 제물을 바칠 수 있다.

■ 영적인 제물

하나님은 동물의 제물보다 찬양과 감사의 영적인 제물을 더 기뻐하신다(시 50:13~14, 69:30~31). 영적인 제물이 없는 제물은 많이 드려도 가치가 없다. 예언자들은 마음 없이 겉으로 봉사하는 것을 비난했다(사 29:13). 하나님은 영과 마음 없이 드리는 말만 많은 다수의 기도를 듣지 않으신다. 하나님은 생명이 없거나 신실한 영이 없거나 부정한 마음으로 드리는 제물을 받지 않으신다(시 51:10~13).

📖 열방의 빛

하나님이 이스라엘을 선택하신 까닭은 그들이 이방 나라들에게 빛이 되고, 하나님의 구원을 온 세상에 펼치기 위함이었다(사 49:6, 60:1~3). 주의 영광을 비추어 열방 사람들이 주 하나님을 알도록 만드는 것이 하나님 백성의 책임이었다.

그러나 그 백성은 소명에 귀가 먹고 눈이 멀어 듣지도 보지도 못했다(사 42:18~20). 그들은 열방에게 율법을 가르치는 대신, 오히려 자신들이 율법을 어기고 하나님을 욕되게 했다. 그 결과, 그들은 여러 나라에서 하나님의 거룩한 이름을 더럽혔다(겔 36:22).

📖 십일조와 봉헌물

율법에 따라 이스라엘인과 유대인은 수입이나 생산물의 십분의 일을 하나님께 예배의 행위로 바쳐야 했다(레 27:30~33; 신 14:22~29). 십일조는 거룩한 것으로 주께 속했으며 의무적이어서, 구약의 백성은 십일조를 바쳐야 했다. 규정된 금액을 하나님의 집으로 가져와야 했다(신 12:5~6). 말라기 3장 7~9절에서 하나님은 십일조와 봉헌물을 보류하거나 무시하거나 납부하지 않는 자들이 하나님의 것을 강탈했다고 비난하셨다.

십일조는 하나님의 지상 성소를 유지하고, 자기 땅 없이 지상의 성소에서 하나님을 섬기는 레위인을 지원하며(민 18:21~24; 신 14:27~29), 가난하고 궁핍한 사람을 도와주려는(신 26:12~13) 목적을 가졌다.

📖 금식

하나님은 구약의 백성에게 속죄일(레 16:29~31, 23:26~32)에 금식하라고 명시적으로 명령하지 않으셨다. 대신, 하나님 앞에서 겸손하라고 요구하셨다. 그럼에도 이스라엘 백성은 자발적인 금식(시 35:13; 스 8:21)을 통해 겸손하기로 택했다. 또한 그들은 비통과 애도(삼상 31:13; 삼하 1:11~12)와 임박한 대참사(대하 20:1~4; 에 4:13~17)의 시간에, 회개의 표시(삼상 7:3~6; 느 9:1~2; 단 9:3~5)로, 랍비들이 제정한 금식일(슥 7:5, 8:19)에 금식했다.

백성이 금식의 진정한 의미를 잃고 외형적 의식에만 집중할 때, 하나님은 예언자들을 통해 그들을 꾸짖으셨다(사 58:4~7; 슥 7:4~5).

예수님이 이 땅에 계실 때 바리새인과 세례 요한의 제자는 금식했다. 그러나 예수님의 제자는 금식하지 않았다(마 9:14; 막 2:18). 초기 기독교인은 기도하면서 금식하는 유대인 관습을 이어갔다(행 13:3, 14:23).

고대 유대인의 회당 예배

고대 유대교 회당에서 드렸던 안식일 예배의 구성 요소를 정확히 결정하기는 어렵다. 그러나 그 예배에는 토라와 예언서(눅 4:17; 행 13:15)를 읽고, 토론이나 설교를 통해 설명하는 시간이 포함되었을 것으로 추측된다. 회당 예배의 참가자는 신조(쉐마)를 암송하고, 축복과 기도(아미다라고 하며 찬양, 감사, 청원, 중보의 기도 등을 포함)를 드렸다. 또한 참가자는 시편과 성가를 영창하거나 음창했고, 구제금을 모았다.

회당 예배는 율법을 따른다는 점에서 성전 예배와 유사했다. 둘 다 지상의 성소뿐만 아니라 의식적, 신체적, 상징적, 형식적 요소도 포함했다. 그러나 성전 예배에서는 동물의 제물을 바치는 제사장의 봉사가 중심이었던 반면, 회당 예배는 성경의 전례를 중심으로 진행되었다.

회당 예배의 주요 구성 요소는 성경을 읽고 가르치는 것이었다. 예수님은 회당에서 성경을 읽고 설명하셨다(눅 4:16~21). 또한 회당 예배는 더욱 참여적이었다. 회중은 교독과 영창에 참여하고, 기도문을 낭독하고, 성경을 읽었다.

회당장은 회당 예배를 지휘했고(막 5:22; 행 13:15), 선영자(캔토)는 기도와 낭독에서 회중을 인도했다.

📖 초대 교회의 예배

신약 성경의 초대 교회에는 두 가지 유형의 예배가 있었다. 하나는 유대-기독교 예배였고, 다른 하나는 크리스천 예배였다. 유대-기독교 예배는 유대교의 많은 율법적인 전례 관행을 유지했다. 이러한 관행에는 성전과 회당 예배에 참석하는 것(행 2:46, 3:1, 17:1~3), 금식하며 기도하는 것(행 13:3, 14:23), 안수하는 것(행 6:6, 8:17, 13:3) 등이 있었다. 유대인이었던 초기 기독교인은 이러한 유대교 전통을 이어 갔다. 사도 바울은 나실인의 율법을 따랐고(행 18:18, 21:23~26), 모세의 율법을 그리스도인의 생활 방식에 포함시켰다(고전 9:8~9, 14:34; 딤전 5:17~18).

유대계 기독교인은 또한 회당 전례로부터 다양한 관행을 채택했다. 이러한 관행은 성경 읽기와 가르침(행 17:2~3; 딤전 4:13), 기도(행 2:42; 딤전 2:1~2), 교제(행 2:44~46), 헌금 모금(행 24:17; 롬 15:25~26; 고전 16:1~2) 등을 포함했다. 초대 교회의 예배에서 노래는 유대적 및 전례적 관행들, 특히 시, 찬송가, 영적 노래(엡 5:19; 골 3:16)를 포함했다.

초대 교회의 예배에는 예수 그리스도의 복음 선포(행 20:7), 물 침례(행 10:47~48), 성찬(행 2:42; 고전 11:23~26) 등 새로운 요소들이 포함되었다.

초대 교회의 다른 하나의 예배 유형인 크리스천 예배는 예수 그리스도를 통해 성령에 의해 드려졌다. 이러한 예배는 성령에 의해 인도되었으며, 율법을 따르지 않았다. 모든 교인은 안수받은 성직자와 전문적인 선영자에 의해 인도되지 않고, 성령의 기쁨과 자발성을 가지고 자유롭게 예배에 헌신했다(행 2:42~47). 이 예배는 천국적이고, 영적이며, 회중적이었다. 각 교인은 자신의 영적 은사를 사용하여 예배에 참여했다(고전 14:26).

갈라디아서, 골로새서, 히브리서 등 신약 성경의 책들은 율법에 따른 유대-기독교 예배와 성령에 의한 크리스천 예배가 공존했음을 반영하고 있다. 두 유형의 예배는 초대 교회에 긴장과 도전을 가져왔다(행 15장).

묵상과 예배

1. 율법은 예배의 지상적, 자연적, 부분적 측면을 규제한다. 이와 대조적으로, 그리스도는 천국의 영적이고 완전한 예배를 계시하신다.

2. 이스라엘인과 유대인은 율법에 따라 예배했다. 반면, 그리스도인은 그리스도의 계시에 따라 예배한다.

3. 율법의 제물은 예배자의 양심을 완벽하게 만들 수 없다. 그러나 예수 그리스도의 희생은 영원한 구원을 제공한다(히 9:9~12).

4. 의식적이고 육적인 예배는 율법에 따른 것이다.

5. 율법은 구약 예배를 규정한 것으로 구식이며, 크리스천 예배에 쓸모없다.

6. 율법에 따라 드리는 예배는 하나님이 더 이상 받지 않으시므로 율법주의자는 헛수고한다.

7. 레위 제사장은 자연적 제물을 바쳤다. 크리스천 제사장은 영적 제물을 바친다.

8. 율법은 사망을 가져오지만 성령은 영생을 주신다(고후 3:6). 율법에서 자유로운 그리스도인은 성령의 새로움으로 주님을 섬긴다(롬 7:6).

14.
율법주의적 예배 봉사

기독교인 대다수는 율법과 인간의 전통과 법과 같은 세상의 초보적인 원리에 따라 하나님의 예배에 접근하고, 자기들 마음대로 예배 봉사의 방식을 개발한다. 하지만 그들의 방식 중 어느 것도 완전하지 않아, 그들은 개혁과 갱신 운동을 통해 지속적으로 참된 예배를 추구하고 있다. 그 결과, 다양한 율법주의적인 예배 전통이 생겨났다.

율법주의적 예배 봉사는 율법에 따른 유대인 성전에서의 제사 의식과 고대 유대교 회당의 전례에서 유래하여 진화해 왔다. 신약 성경과 중세 시대의 기독교 예배는 유대인의 예배와 그리스로마 문화의 영향을 받았다. 마지막으로, 개신교 종교 개혁 시기의 예배는 오직 성경과 초대 교회로의 복귀로 특징지어졌다. 개신교인은 성경적이지 않거나 인간의 전통과 법을 따른다고 판단되는 관행을 거부했다. 그들은 성경의 유일한 권위, 모든 신자의 제사장직, 예배의 단순성을 강조했다.

따라서 기독교 예배 봉사에서 율법주의적 요소는 교파와 교단마다, 심지어 같은 교단의 하위 집단마다 매우 다양하다. 이 모든 예배 양식들에 대한 구체적인 설명은 이 책에서 다루지 않고, 그들을 의식으로, 성경으로, 카리스마로 드리는 예배 봉사의 세 가지 유형으로 크게 분류했다. 이러한 예배 봉사의 유형들은 명확히 구별되지 않으며, 많은 교회들이 이 세 가지 유형들을 정도의 차이는 있지만 모두 예배에 포함시킨다.

의식으로 예배 봉사

가톨릭, 정교회, 그리고 일부 성공회 교회는 유대인의 성전 예배와 비슷한 예배를 개발하여 하나님께 봉사하고 있다. 그들의 예배는 사제의 의식(의식주의), 인간의 전통과 관습을 고수(전통주의), 하나님의 은혜를 나타내기 위한 성례전(성례전주의), 예배를 표현하기 위한 상징적인 행동(상징주의), 그리고 종교 의식을 위한 고정된 형식(형식주의) 등 율법주의적 특징을 가지고 있다.

■ 의식주의

의식 편중의 교회는 사제가 수행하는 종교 의식을 통해 하나님을 예배한다. 그들의 의식 중 가장 중요한 것은 성체 성사 혹은 성찬식이다. 성체 성사는 정교하게 구성된 전례 의식으로 거행된다. 제대는 예배의 중심지이다. 사제는 주요 집전자이며, 신자들은 단순한 참관자이다. 이 전례는 예수 그리스도의 십자가 희생을 성사적으로 재현한다.

여기서 세 가지 점에 유의해야 한다.

첫째, 종교 의식을 중시하여 예배의 영적 본질과 의미를 경시하는 것은 의식주의이다. 의식주의자는 의식의 의미보다는 오로지 의식의 체계에만 집념한다. 그들의 성체 성사 전례는 사제가 신비와 마법의 감각을 가지고 거행하는, 하나님을 위한 의식주의적 봉사이다.

그리스도인의 예배는 단지 예배식(전례)에 따라 드리는 것이 아니다. 참된 예배자는 하나님의 영으로 충만하여 영으로 그리고 이해를 가지고 주님을 섬긴다. 하늘의 하나님은 그리스도를 통해 자신의 신비를 성도들에게 계시하시고, 자신의 은혜와 진리를 신자들에게 알려주신다(롬 16:25~26; 엡 3:1~5; 딤전 3:16). 신자로서 우리는 그리스도의 신비에 대한 통찰력을 가지고 예배한다. 주의 영광과 권세를 바라보며 하나님을 경배하고, 그분의 은혜로 구원을 받은 것을 감사한다.

성찬식은 빵을 먹고 포도주를 마시는 행위를 초월한다. 빵과 포도주 너머 우리의 구원을 위해 스스로 희생 제물이 되신 주 예수께 감사의 영적인 제물을 바치는 것에 중점을 둔다.

둘째, 가톨릭의 성찬 전례와 정교회의 성(聖) 전례는 모세의 율법에 따른 제사장의 의식과 유사점이 많다. 둘 다 제단, 자연적 제물, 복잡한 의식을 가지고 있다. 그러나 차이점은 제물의 종류이다. 성찬 전례에서는 사제가 동물 대신 예수 그리스도를 제물로 바친다. 사제는 성찬 전례 때마다 반복해서 '하늘에서 그리스도 예수를 끌어내리어 희생 제물로 바친다.'

이러한 관행은 그리스도가 세상 죄를 위하여 자기 자신을 단번에 바치심으로 우리가 구원을 얻었다는 성경의 가르침과 모순된다(히 7:26~27, 10:10). 하나님은 죄를 위한 제물을 더 이상 요구하시지 않으며(히 10:18), 성당의 제대에서 사제가 제물을 바치는 것을 받아들이시지 않는다. 이러한 제사는 제단에서 레위 제사장이 제사 의식을 거행했던 구약 시대의 낡은 방식으로, 이제 소용이 없다. 그리스도인은 성령의 새로운 방식으로 하나님을 예배한다.

셋째, 우리 주 예수님은 자신이 재림할 때까지 자신의 죽음을 기억하고 선포하라 하시며 성찬식을 제정하셨다(고전 11:23~26). 성찬식은 주님의 식탁에 모여 감사하는 마음으로 그리스도의 죽음을 기억하고 십자가의 메시지를 선포할 때 그 가치가 있다. 그러나 사제의 의식을 바라보고 그리스도의 살과 피를 먹고 마시기 위해 미사에 참석한다면, 신비적이고 식인의 의식에 참여하게 된다.

요한복음 6장 48절~58절에서 예수님은 십자가에 못박히시기 전, 제자들과 나누실 최후의 만찬을 미리 말씀하셨다. 그분은 십자가에서의 그의 죽음에 대해 말씀하셨지, 문자적으로 그의 살을 먹고 피를 마시는 것은 언급하시지 않았다. 그러나 예수의 일반 제자들은 생명의 음식과 음료에 대한 그분의 가르침을 그분의 살과 피로 오해하고, 그분의 말씀에 화를 내며 그분을 더 이상 따르지 않았다(요 6:52, 60, 66).

의식주의적인 교회는 성찬 전례에서 빵과 포도주가 실제 그리스도의 몸과 피가 되어 신자들의 영적 양식이 된다고 주장한다. 그러나 우리에게 영생을 주는 음식과 음료는 예수의 몸과 피가 아니라 그분의 영, 즉 성령이다(요 6:63; 고후 3:6). 성찬식에서 우리는 그리스도가 십자가에서 찢은 살과 흘린 피를 상징하는 빵과 포도주를 나눈다.

- 전통주의

오늘날 예전적인 교회는 기독교 예배의 기원을 유대인 성전 전례와 회당 전례, 고대 기독교 교회의 전례에서 찾으며, 이러한 고대 전례의 전통을 계속 이어 가고 있다. 이 교회들은 전통적으로 내려오는 예배 방식을 따라 하나님을 섬긴다.

그 결과, 그들의 예배에는 율법에 따른 사제의 의식, 전례 예복, 성가, 향, 촛불 등의 율법주의적 요소가 포함된다. 전통주의자들은 유대-기독교 예배의 전통과 성례전, 신조, 그리고 전례 예배를 소중히 여긴다. 전례 예배란 정해진 절차와 정교한 구성 요소를 통해 이루어지는 구조화된 예배를 의미한다.

반면, 참된 예배는 유대인의 성전 예배나 회당 예배 혹은 신약 성경의 초기 유대-기독교 예배에서 온 것이 아니라, 그리스도 예수를 통해 하늘에 계신 하나님으로부터 직접 온다. 율법에 기초한 고대 전례 예배와 고대 이스라엘과 유대인의 예배 관행은 더 이상 크리스천 예배에 적용되지 않는다. 참된 예배자는 기독교 전통을 되돌아보지 않고 그리스도 예수를 바라보며 성령으로 예배한다.

안타깝게도, 많은 교회가 그리스도 예수를 통해 나타난 참된 예배를 모르고, 교부들의 전통적인 전례에 집착하고 있다. 이러한 교회는 인간의 전통을 굳건히 따르며, 그리스도를 통해 성령님이 인도하시는 새롭고 우월한 예배 방식을 거부하고 있다. 성경은 인간의 전통을 고수하여 헛되게 예배하는 사람들을 책망하고 있다(막 7:6~8).

일부 교회, 특히 정교회는 고대 기독교의 전례 전통을 계승하고 있다. 사제들은 전통에 따라 특정한 예배 행동을 연기한다. 이들의 목표는 전통적인 전례의 보존이다. 그러나 크리스천 예배는 예수 그리스도의 계시에 근거하며, 전례 전통에 따른 것이 아니니다.

- **성례전주의**

기독교 의식으로 예배하는 교회는 의식에 신비적이고 마술적인 의미를 부여하여 거기에 구원의 힘이 있다고 주장하며, 의식을 하나님이 사람들에게 은총을 베푸시는 성례전(성사, sacraments)으로 강조한다. 성례전주의는 신성한 의식이 보이지 않는 하나님의 은총을 보이는 자연적 요소들(물, 빵, 포도주)을 통해서 전달한다는 것이며, 하나님의 구원을 받는 데 절대 필요하다고 믿는다.

그러나 교회의 의식은 하나님의 은혜를 받는 통로나 수단이 아니며, 하나님의 구원을 받는 데 필요하거나 효과적이지도 않다. 사제는 성사를 통해 하나님의 은총을 나누어 줄 수 없다. 오히려, 예수 그리스도의 계시에서 우리는 하나님의 은혜를 받는다(요 1:14~17; 벧전 1:13). 의식은 단순히 예수 그리스도를 통해 믿음으로 받는 하나님의 은혜를 상징할 뿐이다. 하나님의 구원은 사제가 행하는 의식을 통해 이루어지는 것이 아니라, 예수 그리스도를 통해 성령의 역사로 이루어진다(요 3:5-6; 딛 3:4~7).

크리스천 예배는 하나님의 은혜를 받는 성례전이 아니라 그리스도의 은혜에 의해 믿음을 통하여 받은 하나님의 구원에 대한 당연한 삶이다. 크리스천 신앙과 하나님의 구원은 인간의 의식이 아니라 하나님의 능력이신 성령에 기반한다(고전 2:4~5). 신약 교회는 성찬식을 성례전이 아니라 의식으로 여겼다(고전 11:23~26).

또한 가톨릭의 성변화(transubstantiation, 전질변화) 교리는 성체성사에서 사제가 빵과 포도주를 들고 축성하면 빵과 포도주가 모습은 그대로 유지된 채 예수의 몸과 피로 변화한다고 가르친다. 그러나 성찬식에 사용되는 자연적 요소들은 상징적인 것으로, 예수의 실제 몸과 피로 간주되어서는 안 된다. 상징물은 실물이 될 수 없기 때문이다. 빵은 우리를 위해 부서진 예수님의 몸을 상징하고, 포도주는 우리를 위해 흘린 그분의 피를 나타낸다.

■ 상징주의

의식의 전통은 예배에서 신성한 실재를 상징하고 표현하기 위해 감각적 요소를 사용하여 상징적 의미를 준다. 교회 지도자들은 종종 예배 경험을 가르치고 향상시키기 위해 상징적 전례 행위를 사용한다. 그리하여 가톨릭 미사와 정교회의 성 전례는 모두 상징성이 풍부하다. 상징적인 의식 행위의 예로는 다음과 같은 것들이 있다.

- 신자가 성당을 드나들 때 오른손으로 성수를 찍고 십자 성호를 그음
- 사제와 복사들의 입당과 제대(祭臺)로 나아가기
- 제대에서 사제의 다양한 전례적 몸짓들, 예를 들면, 성수 뿌림, 기름 부음, 키스하기, 촛불 켜기, 흰 천으로 덮기, 예수 그리스도의 제물을 바치기, 분향
- 교회 건물과 사람에게 향을 뿌림

- 성가대와 오르간 소리 내기, 영창 부르기, 노래하기, 종소리 울리기
- 제대와 성막 앞에서 한쪽 무릎 꿇기, 절하기와 몸 굽히기, 인사와 축복 드리기
- 성상과 유물에 키스하기, 예수 그리스도의 이콘에 경건하게 키스하여 나무판에 페인트로 표현된 그리스도의 형상을 숭배하는 행위

일부 개신교인들은 예배 중에 성경을 읽을 때 일어서기, 기도를 할 때 일어서거나 무릎 꿇기, 하나님을 향해 손을 들기, 제단에의 부름 후 제단에 다가가기, 제단 앞에서 절하거나 무릎 꿇기, 십일조와 헌금을 모아 제단으로 가져가 봉헌하기 등 상징적인 행동을 한다.

이러한 행위들은 예수 그리스도의 진리로부터 사람들의 주의를 산만하게 할 수 있다. 눈에 보이고 만져서 알 수 있는 이 세상의 것들에 집중하면, 사람들은 시야가 가려져 주의 영광을 보지 못할 수 있다. 또한 예배의 상징적인 행동은 감각에 호소할 수는 있지만, 크리스천 예배의 영적인 본질과 일치하지 않는다.

하나님은 예수 그리스도를 통해 진리와 은혜를 드러내셨다. 참된 예배자는 하늘에 계신 그리스도를 바라보고, 주의 영광을 보며 하나님의 영으로 예배한다.

- 형식주의

의식주의 교회들은 유대인 전례, 가톨릭 미사, 정교회의 성 전례와 같은 엄격한 의식의 형식과 규정을 준수하여 예배를 드린다. 그러나 이러한 전례 형식에 대한 지나친 강조는 예배의 본질을 흐리게 하여, 외형에만 치우치게 되는 경우가 많다.

하나님은 예배자의 마음을 살피신다. 그분은 예배자가 마음과 영, 혼을 다해 사랑하고 예배하기를 원하신다. 단지 형식만으로는 그분을 기쁘게 하지 못하며, 그분은 전적 헌신을 원하신다. 예배의 본질은 형식이 아니라 영에 있으므로 참된 예배자는 영으로 주님을 섬긴다. 크리스천 예배는 신자 안에 거하시는 성령님의 인도를 받으며 의식의 형식을 초월한다.

형식주의 예배는 겉치레에 집착하여 형식적이고 경직되어, 성령의 자유와 자발성을 위한 여지가 없다. 화려함과 전시에만 집중하여 영적 내용이 없는 예배는 무의미하다. 내용보다 형식을 강조하는 표면적 예배는 실질이 부족하다.

성경은 위선적 예배를 비난한다. 의식의 형식과 말로 하나님을 공경하면서도 하나님과 멀리 떨어져 있는 사람들을 질책한다(사 29:13; 마 15:7~9). 정교하고 형식적인 의식은 인간의 감각을 자극할 수는 있지만, 진실한 영적 헌신이 없으면 알맹이가 없는 껍질처럼 속이 비어 있다. 마음이 없는 예배는 공허하고 헛된 것이다.

초기 기독교 교회들은 가정집처럼 소박한 장소에서 성찬식을 거행했다(행 2:46). 그들은 정교한 전시나 전례 의식 없이 진심으로 그리스도의 죽음과 부활에 대해 하나님께 찬양과 감사의 영적 예배를 드렸다.

크리스천 예배는 형식적인 의례적 행위로 드리는 것이 아니라, 성령으로 충만한 영과 마음에서 나와야 한다. 그리스도의 사역자로서 우리는 외형적 형식의 제약 없이 성령의 자유로 하나님을 예배한다. 성령으로 예배하는 자는 형식에 얽매이지 않고 의식에서 자유롭다.

■ 하나님의 구원을 위한 물 세례

의식을 강조하는 교회는 물 세례를 통하여 죄의 사함을 받고, 하나님의 자녀로 새롭게 태어나고, 성령을 받고, 교회의 일원이 된다고 주장한다. 그들은 주장을 지지하기 위해 마가복음 16장 16절과 베드로전서 3장 21절을 인용한다. 그러나 이 구절들은 물 세례가 아니라 성령 세례를 언급하고 있다.

세례식을 통해 죄인이 구원받고 교회의 일원으로 가입된다는 생각은 성경의 지지를 받지 못한다. 하나님은 예수 그리스도의 말씀을 통하여 성령에 의한 거듭남의 씻음으로 우리를 구원하신다(요 3:5; 딛 3:4-7). 세례식을 통하여 하나님의 구원을 받을 수 없다. 왜냐하면 세례식에 사용되는 물은 죄를 씻을 능력이 없어(히

9:14, 10:22; 벧전 3:21) 죄인을 구원할 수도, 성령을 줄 수도, 영생을 줄 수도, 하나님의 자녀로 만들 수도 없기 때문이다. 성령의 침례 혹은 세례(씻음)가 이러한 일을 이루어 준다. 그리스도께서 죄의 씻음을 위해 신자에게 성령으로 침례를 베푸신다(마 3:11; 요 1:33).

교회의 일원이 되려면 물 세례가 아니라 성령의 침례가 필요하다. 신자는 성령에 의해 그리스도 안으로 침례를 받고, 그리스도와 합하여 그분의 몸인 교회의 지체가 된다(고전 12:13). 진정한 그리스도인은 물 세례의 외적 의식이 아니라 성령의 내적 침례를 받은 사람이다. 그러므로 구원이나 교회 입회를 위해 물 세례는 필요하지 않다.

세례식 또는 침례식은 그리스도 예수와의 연합을 공적으로 선언하는 의식이기에 중요하다. 이는 결혼식과 같다. 결혼 예식이 사랑이나 결혼을 만들어 주지 않는다. 이미 깊은 애정을 나누는 남녀가, 결혼식을 통해 그 사랑과 결혼을 세상에 선포할 뿐이다.

침례 의식은 성령 침례를 축하한다. 이미 성령으로 침례를 받은 사람이 다른 사람에 의해 물로 침례를 받는다(행 10:44~48). 물속에 전신을 담그는 침례는 신자가 그리스도와 함께 죽고 부활하는 것을 상징하며, 죄에 대하여 죽음과 그리스도와의 새 생명을 나타낸다(롬 6:1~4).

그러므로 물 세례나 침례는 성령 세례로 거듭난 자에게만 거행해야 한다. 그리스도 안에서 성령으로 새로운 피조물이 되지 않았다면, 세례와 견신, 교회 회원의 신분은 의미가 없다. 중요한 것은 물 세례가 아니라 성령 세례이다. 만일 물 세례만 받았다면 그 사람의 세례는 의식에 불과하다. 그 사람의 죄는 여전히 남아 있으며, 그 사람은 멸망의 위험에 처해 있다.

유아 세례는 비성경적이고 무의미한 의식이다. 그 이유는 첫째, 그 세례는 회개와 믿음으로 받는 구원의 성경적 요건을 무시한다. 오직 회개와 믿음으로 성령 세례를 통하여 중생과 성령, 영생을 받는다(요 3:5~15; 행 2:38~39). 둘째, 유아 세례는 아직 성령 세례를 받지 않은 아기에게 물 세례를 주기 때문이다. 예수 그리스도의 복음을 듣고 그분을 믿어 성령 세례를 받은 자가 물 침례나 세례를 받아야 그 의식이 의미가 있다(행 8:35~38, 10:44~48).

유아 세례를 옹호하는 자들은 그 의식에 인간적인 의미를 부여하고, 자신들의 실행을 성경적 근거로 정당화하기 위해 가족이 다 세례를 받은 성경의 사례를 인용한다(행 2:39~41, 16:15, 33; 고전 1:16). 온 가족이기에 아이들도 포함되었을 수 있지만, 믿음이 없는 유아에게 세례를 준 사례라고 확실히 말할 수 없다.

일부 사람들은 물 세례가 구약의 할례에 해당하는 신약의 증표이므로, 신자의 어린 자녀들은 물 세례를 통해 언약의 증표를 받아야 한다고 주장한다. 그러나 이 주장에 대한 성경적 지지는 없다. 성경의 증언을 살펴보기 위해, 할례와 세례(침례)를 모두 언급하고 있는 골로새서 2장 11~12절에서 사도 바울의 가르침을 생각해 보자. 첫째, 그리스도의 할례는 사람의 손이 아니라 성령으로 하는 것이다. 둘째, 그는 신자들이 세례(침례)를 받음으로써 그리스도와 합하여 그분과 함께 죽어 묻히고 부활한다는 것을 분명히 밝히고 있다. 이 문맥에서 세례는 인간의 물 세례가 아니라 그리스도의 성령 세례를 말한다.

그러므로 성령 세례를 받지 않은 유아에게 물 세례를 주는 것은 무의미하다. 부모나 대부모의 신앙으로 어린 자녀의 구원이 이루어질 수 없다.

복음주의 개신교인들은 침례(세례)와 성찬의 두 가지 의식을 행한다. 예수 그리스도가 이 의식들을 제정하셨고, 그 의식들은 그분의 명령에 대한 순종의 행위이며, 그분의 백성 안에서 하나님이 하시는 내적인 역사들을 상징한다. 그 의식들에 사용되는 물적 요소들인 물, 빵, 포도주는 하나님의 영적인 것들을 나타낸다.

참된 예배자는 종교 의식에만 집중하지 않고, 예수 그리스도를 통해 의식의 영적 면을 우선시하며 성령으로 예배한다.

📖 성경으로 예배 봉사

개신교회의 예배는 유대인의 회당 전례에 기반을 두고 성경 전례를 강조한다. 개신교인들은 성경(하나님의 쓰인 말씀)이 하나님의 완전한 계시라고 알며, 하나님의 은혜를 성경 말씀을 통해 받는다고 믿는다. 그리스도 예수(하나님의 말씀)의 직통 계시(행 9:1~6; 갈 1:12; 엡 3:1~5)는 의심한다. 그러나 하나님의 은혜와 진리는 예수 그리스도를 통해 완전히 계시되고(요 1:14, 17), 신자는 그리스도의 계시에서 진리를 보고 순종하여 은혜를 받는다(벧전 1:13).

개신교회는 공동 예배에서 설교를 주요한 구성 요소로 강조하는 반면, 가톨릭과 정교회는 의식을 중시한다. 설교는 개신교 예배의 핵심이며, 세례와 성찬의 의식은 덜 강조된다.

많은 개신교 개혁 운동들이 기독교 예배에 다양한 정도의 변화를 가져왔다. 예를 들어, 루터교는 가톨릭 예배의 전례적 요소들을 대부분 유지하는 반면, 재침례파(Anabaptist)는 급격한 변화를 가져왔다.

성경으로 예배하는 자들은 의식으로 예배하는 자들과 마찬가지로 크리스천 예배에서 역사적 접근 방식을 따른다. 그들은 예수 그리스도를 통해 계시된 참된 예배에 대한 이해 없이 고대 유대인 회당의 전례를 모방한다. 따라서 그들의 예배는 시편, 기도,

신조 신앙 고백, 성경 낭독과 설교, 노래, 헌금 등 유대인 회당 예배의 구성 요소를 많이 포함한다.

설교자는 성경의 사역자로서 예배에서 가장 중요한 인물이다. 설교자는 의식적 예배의 봉사에서 사제와 마찬가지로 회중에서 가장 중요한 위치를 차지한다. 설교의 질은 예배 경험에 상당한 영향을 미치며, 교인들은 종종 설교자의 명성에 따라 교회를 선택한다. 유명 설교자는 우상화되고, 사람들은 자신이 가장 좋아하는 설교자에게 애착을 가진다.

설교자는 그들의 공부방에서 설교를 준비한다. 그 방에는 도서관처럼 많은 책이 있고, 그들은 성경, 신학, 설교학에 대한 지식에 의존한다. 지성을 자극하고 이성적인 이해를 증진하는 정보를 주고 감동을 주는 설교를 전달하기 위해 말하기 기술을 사용한다.

설교를 강조하는 예배는 경외와 기적을 경험할 기회를 제한한다. 회중은 교실 안의 수동적 학생이 된다. 설교 메시지는 전형적으로 신학적 교리, 자기 개발을 위한 윤리와 도덕, 인생의 어려움에 대한 심리 상담 등이다. 그러나 예수 그리스도의 복음은 그분을 믿는 자에게 거듭남, 새로운 창조, 구원을 주는 하나님의 능력이다(롬 1:16; 고전 1:18).

성경을 통해 예배하는 사람은 일반적으로 성경 말씀을 읽고,

공부하고, 암기한다. 그러나 성경 지식이 반드시 하나님을 아는 것과 같지는 않다. 바리새인이자 이스라엘의 스승으로 성경 지식이 많았던 니고데모는 천국과 영적인 것에 대한 지식이 부족했다 (요 3:1~10). 성경을 천 번 이상 읽었고 설교 중에 성경 구절을 암송하지만, 성경의 영적인 의미를 파악하지 못하는 목사도 있다.

성경이 증언하는 주 예수 그리스도의 나라와 권세와 영광을 보지 못한 채 문자만 보고 예배하는 자들도 있다. 그들은 성경 말씀의 표면에 제한되어 그리스도를 통해 나타난 참된 예배를 모른다. 하나님과 아들에 대해서 무지했던 바리새인과 서기관들과 비슷하다. 결과적으로, 그들은 무지 가운데 하나님께 예배를 드린다.

일부 예배 인도자들은 매 주일 예배를 시작할 때, 요한복음 4장 23~24절을 인용하여 영과 진리로 하나님을 예배하도록 격려한다. 그러나 실제 예배에서 그들은 사도 신경, 찬송가와 복음 성가, 십일조와 헌금, 레위식 축도 등 전례적이고 율법적인 요소들을 포함하는 구조적이고 고정된 예배 프로그램을 따른다.

이러한 전례적 예배는 성령님의 인도를 받을 수 없다. 전례에서 기계적 반복은 성령의 생명과 자유, 자발성을 제한한다. 이는 율법주의적 의무감과 단조로움으로 이어져, 예배자들이 성령의 감동과 사랑, 평화와 기쁨을 경험하지 못하게 만든다.

형제회와 퀘이커 같은 일부 개신교 교파는 전통적인 전례보다 비공식적이고 즉흥적인 예배를 선호한다. 이러한 예배에는 지정된 목사, 준비된 설교, 선택된 찬송가 또는 구조화된 예배 순서가 없다. 그들은 하나님의 예배는 각 개인의 안에 있는 '영'에 자신을 맞추는 것이라고 믿는다. 회중은 예배 중에 찬송가를 시작하고 자유롭게 말할 수 있다.

퀘이커들은 모든 사람이 각자의 깊은 곳에 '내면의 빛'을 지녔다고 믿고, 침묵 속에서 명상을 통해 하나님을 예배한다. 하지만 이 조용한 시간에 그들은 세상적인 관심사로 주의가 산만해질 수 있다.

성령의 예배자는 그리스도를 통해 하나님께 찬양과 감사로 바로 접근하여, 성령에 의해 예배를 표현한다는 점을 유의해야 한다. 또한 하나님은 성도들을 크리스천 사역을 위해 준비시키고 교회를 세우기 위해 교회에 목사를 주신다(엡 4:11~12). 문제는 목사의 1인 쇼이다.

복음주의 개신교회의 예배는 설교에 비해 성찬식이 약화되어 있어, 일부 개신교인들은 성경으로 돌아가 그들의 예배를 개혁하려고 노력한다. 그들은 신약 성경의 예배를 회복하려고 성경 전례와 성찬 전례를 기독교 예배의 핵심으로 믿고, 두 전례의 중요성을 강조하여 균형을 이루려 한다. 이러한 생각은 성경이 주요한 회당 전례와 제사가 중심인 성전 전례의 두 가지 유대인 예배 방식에서 비롯된다.

참된 예배는 성경 전례와 성찬 전례를 초월하는 천국적이고 영적인 것이다. 그러므로 그들의 예배 개혁과 갱신의 한계를 인식하는 것이 중요하다. 그들은 눈을 들어 주께로 향하여 그리스도를 통해 나타나는 참된 예배를 목격해야 한다.

게다가 유대인의 성전과 회당 전례로부터 나와 율법적 요소들을 포함한 1세기 유대-기독교 예배 관행을 모방하는 것은 바람직하지 않다. 일례로, 고린도전서 11장 5~6절에 기록된 대로, 여자가 기도할 때 머리를 가리라는 가르침은 크리스천 예배에 문자 그대로 적용되지 않는다. 왜냐하면 크리스천 남녀는 모두 머리 덮개에 상관없이 성령으로 기도하기 때문이다(엡 6:18; 유 1:20).

카리스마로 예배 봉사

은사주의자들과 오순절주의자들은 사도행전 2장 1~4절에 묘사된 오순절 사건을 재현하는 것을 목표로 한다. 그들의 예배는 성령과 표적 은사들, 개인적 경험, 자발성, 그리고 비공식성을 강조한다.

카리스마(하나님으로부터 받은 은사)로 하는 예배 봉사는 예수 그리스도의 계시에 따른 것이 아니라, 성령의 현상에 기초한다는 점을 먼저 지적한다. 성령의 현상은 다양하므로 크리스천 예배의 기본 원칙으로 삼을 수 없다.

사도행전 2장 4절에 사용된 그리스어 'glossais'의 뜻은 인간의 언어이지, 알아들을 수 없거나 황홀한 소리의 "방언"이 아니다. 사도행전 2장 5~11절에서 이를 확인할 수 있다. 또한 사도행전 9장 17~19절과 고린도전서 12장 30절에서 보는 바와 같이 성령 충만한 신자가 방언을 하지 않은 사례가 있으므로, 성령 충만한 사람은 모두 방언을 한다고 주장하는 것은 옳지 않다. 그러므로 방언으로 말하는 것을 성령 침례나 충만의 증거로 삼아서는 안 된다.

카리스마로 예배하는 자는 육신적 치유를 강조한다. 그러나 예수님은 육신의 치유자로 자신을 드러내시려고 치유를 실행하시지 않았다. 오히려 그분은 주와 그리스도로서 권위와 영광을 드러내기 위해 치유를 행하셨다(요 4:46~54; 행 2:22~36). 예수님의 지상 사역의 목적은 사람들의 육신의 병을 치료하는 것이 아니라 죄와 죽음의 영적 병을 치유하고(벧전 2:24), 그분을 믿는 사람들에게 영생을 주는 것이었다.

하나님은 예수 그리스도의 복음을 통해 믿는 자들에게 신체적 치유나 건강보다는 영적 치유를 약속하신다. 그러므로 신체적 치유의 은사가 있다고 주장하는 사람들은 자신의 은사보다 영적 치유와 사랑과 영생을 우선해야 한다. 신체적 치유의 은사는 일시적인 반면, 사랑과 영생은 영원하고 완전하기 때문이다(고전 13장).

카리스마로 드리는 예배는 종종 감정으로 예배를 표현하는데, 이것은 성령보다 육체의 열정에서 비롯되며 육체의 욕망을 만족시킨다. 이로 인해, 감정주의, 감상주의, 쾌락주의의 문제들로 이어질 수 있다. 이러한 예배는 하나님의 예배가 아니라 자신의 유흥이 될 수 있다.

감정주의는 예배자가 성령 대신에 자신의 감각과 감정에만 이끌려 예배를 드릴 때 발생한다. 이는 일시적이고 변화무상한 인간의 감정에 기반한 덧없는 예배 경험을 초래할 수 있다.

감상주의는 예배자가 예수 그리스도를 통해 나타난 하나님의 진리보다 자신의 감정을 우선할 때 일어난다. 예를 들어, 같은 찬송가 구절을 반복적으로 노래하거나, 설교자가 설교 중에 듣는 자들의 감정을 자극하여 감동을 주려고 시도할 때이다. 이러한 실행은 영적 깊이가 결여된 피상적인 예배 경험으로 이어질 수 있다.

쾌락주의는 예배자가 주의 영광과 예배에 집중하지 않고 자신의 즐거움이나 행복을 추구할 때 발생한다. 그 결과, 예배는 오락과 쾌락이 된다.

카리스마적 예배의 인도자는 회중의 감정을 자극하려고 다양한 방법을 사용한다. 그들은 종종 소매를 걷어붙이고 열정적으로 예배를 이끌며, 회중이 소리 지르기, 박수 치기, 팔 들어 올리기, 손 흔들기, 춤추기, 심지어 쓰러지기 등의 육체적 제스처를 통해 예배를 표현하도록 적극 독려함으로써 흥분과 열광의 감정을 만들어 낸다. 이러한 행동들은 흥분과 열정의 감정을 동반하고, 하나님께 절을 하거나 손을 들거나 춤을 추었던 구약의 예배자들의 행동들과 비슷하다. 하나님의 예배에서 개인적인 감정과 방종에의 의존은 피해야 한다.

게다가 카리스마적 예배의 인도자들은 감각과 감정을 자극하는 매력적인 예배 경험을 만들기 위해 다양한 수단을 사용한다. 그들은 화려한 스포트라이트, 멀티미디어 효과, 사운드 시스템, 록 밴드 등 세속적인 콘서트나 쇼에서 사용될 법한 연극 공연을 포함한다. 이러한 인도자들은 회중이 행복하고 예배를 즐긴다면 소동, 소음, 번쩍이는 불빛이 용납될 수 있다고 생각한다.

하지만 이러한 관행들은 그리스도를 통해 성령에 의해 드리는 예배와 다르다. 주님을 기쁘게 하는 예배인지 스스로에게 묻는 것이 중요하다. 감정주의, 감상주의, 쾌락주의는 하나님을 기쁘시게 하지 않는다. 성령님의 도움 없이 오직 인간의 감정에 근거한 예배는 하나님께서 받지 않으신다.

감정주의에 기초한 예배는 그리스도에 따른 참된 예배와 상이하다. 감정주의의 예배에서는 예배자가 자신의 개인적인 욕망과 기호를 육체적 감정을 통해 표현한다. 반면, 그리스도에 따른 예배는 예배자가 그리스도 예수를 통해 성령에 의한 하나님의 계시에 대응할 때 나타난다.

카리스마적 예배자들은 육체의 불을 성령의 불로 착각한다. 육체의 불은 혼돈과 무질서를 태워 재만 남긴다. 이와 대조적으로, 성령의 불은 우리를 정화하고 하나님의 영으로 우리의 마음을 채워 그분의 평화와 사랑과 기쁨을 준다. 참된 예배자들은 질서정연하게 평화의 하나님을 섬긴다(고전 14:33, 40).

위에서 살펴본 바와 같이, 오늘날 기독교인들은 크리스천 예배를 하나님이 죄인들을 불러서 은총을 주시는 것으로 알고 있다. 그 은총의 통로가 기독교 의식, 성경 말씀 혹은 성령의 은사라고 믿고, 성찬식, 설교 또는 은사를 각각 강조한다. 그들의 율법주의적인 예배 봉사는 가톨릭과 정교회의 의식상의 전통과 형식, 개신교의 성경적 지성주의 또는 은사주의의 감정적 표현을 포함하고 있다. 그들의 예배는 예수 그리스도의 계시에 따른 것이 아니라, 율법에 따른 이스라엘 성전의 의식, 고대 유대교 회당의 성경 전례, 또는 성령의 현상의 요소들을 활용한다.

📝 세속성

■ 전통적 예배와 현대식 예배

일부 복음주의 개신교회, 특히 구도자 지향 교회는 예배를 오늘날의 문화와 청중에게 더 매력적이고 상관있게 만들기 위해 현대 음악, 기술 및 시각 예술을 사용한다. 그러나 이러한 예배 접근법은 요한복음 17장 14절에 나오는 예수님의 기도와 모순된다. "…내가 세상에 속하지 않은 것처럼 그들도 세상에 속하지 않기 때문이다." 크리스천 문화는 천국 문화로, 이 세상의 끊임없이 변하는 다양한 문화를 초월한다. 천국 백성으로서 우리는 세상의 새로움이 아니라 성령의 새로움으로 주님을 섬긴다.

일부 교회는 예배 스타일 선호에 따라 분열된다. 어떤 교인들은 전통적 예배를 선호하고 다른 교인들은 현대식 예배를 선호한다. 어떤 교인들은 전통적인 찬송가를 선호하는 반면, 다른 교인들은 대중음악과 크리스천 록을 선호한다. 그러나 이러한 분열은 예수 그리스도를 통해 성령으로 하나 되게 하시는 하나님의 뜻에 배치된다. 예배 스타일이 전통적이든 현대적이든 하나님께는 중요하지 않다. 그분은 성령으로 예배하는 자를 찾으신다.

■ 기업으로서의 교회

많은 교회들은 교회 확장을 우선하여 상업적 기업이 된다. 그들은 교인 수를 증가시키고 교회 건물을 확장하는 데 모든 자원과

에너지를 바친다. 그리고 이런 교회들은 교인 수와 교회 시설의 규모를 자랑한다. 하지만 이런 행동들은 북돋음(edification)과 전도를 통해 하나님께 영광을 돌리는 교회의 목적과 일치하지 않는다.

- **물질의 부가 하나님의 축복**

일부 교회 지도자들은 물질의 부가 하나님이 축복하신 표시라고 믿고, 교인들이 부를 추구하도록 격려한다. 그러나 이것은 재정적 어려움에 직면한 교인들에게 수치심과 죄책감을 줄 수 있다. 오히려, 주 예수님은 "가난한 사람들은 복을 받았다, 하나님의 나라가 너희 것이기 때문이다."(마 5:3; 눅 6:20)라고 말씀하셨다.

- **신성한 사역과 세속적인 일**

사람들은 성직자가 교회에서 공동 예배를 인도하고 성경을 가르치는 일은 신성한 사역이고, 평신도의 일상적 일은 세속적이라고 간주한다. 그러나 모든 신자는 성직자이며, 가정집, 사무실, 공장 또는 다른 곳에서 예수 그리스도의 이름으로 일하면 모든 일이 거룩한 사역이다. 그리스도 안에서는 거룩한 사역과 세속적 일의 구분이 없다.

금식

일부 기독교인은 헌신의 한 형태로서 금식을 택한다. 그들은 여러 이유로 자발적으로 금식한다. 더 간절히 기도하기 위해, 하나님의 뜻을 구하기 위해, 회개하기 위해, 육체의 정욕을 부인하기 위해, 또는 영을 강화하기 위해 금식한다.

그러나 하나님을 찾거나 어려움에 처하여 그분의 도움을 받으려고 할 때 금식이 의무가 아니다. 금식하지 않고도 언제든지 그리스도 예수께 향하기만 하면 하나님을 찾을 수 있고, 그분의 도움을 받을 수 있다.

참된 예배자는 성령으로 기도한다(엡 6:18; 유 1:20). 공복이 아니라 영과 마음으로 기도한다(고전 14:15). 금식을 한다고 해서 하나님께서 우리의 기도를 더 들으시지 않으며, 식사를 한다고 해서 덜 들으시지도 않는다. 크리스천 기도는 육체적 행위가 아니라 영적 행위이다.

회개를 표할 때 금식이 필요하지 않다. 다만, 세상과 자기 자신을 바라보던 자가 마음의 눈을 돌려 십자가에 올려진 주의 영광을 바라보고 죄를 자백한다(눅 18:9~14; 요일 1:9). 그리스도 예수를 믿으면 죄 사함을 받는다(행 2:38).

전통적으로 금식은 슬픔과 회개를 상징했지만, 예수님은 성령의 기쁨과 사랑의 새로운 삶을 도입하셨다. 그리스도인은 하나님의 영이 주시는 기쁨으로 하나님을 예배하며, 금식의 구약과 성령의 신약을 섞지 않는다.

일부 사람들은 신약 성경에서 금식의 예로 예수님의 광야에서의 금식과 사도행전에 나오는 초대 교회의 금식을 인용한다. 그러나 이러한 예들이 그리스도인에게는 적용되지 않는다.

예수님은 종교적인 금식을 하시지 않았다. 또한 마태복음 6장 16~18절에서 예수님은 그리스도인에게 금식을 지시하신 것이 아니라, 위선적이고 공개적으로 금식하는 유대인들을 교정하신 것이다. 그분은 개인적으로 금식하라고 가르치셨다. 예수님은 금식을 포함한, 세상의 초보적인 요소들을 완성하여 성령으로 대체하기 위해 오셨으므로, 금식과 같은 유대인의 의식들을 비판하지 않으셨다.

중요한 것은, 마가복음 2장 18~22절에서 예수님의 금식에 대한 가르침이다. 그분은 자신의 복음이 유대인의 전통적인 금식의 관행과 다르다는 것을 설명하시기 위해, 새 포도주를 새 부대에 넣는 비유로 말씀하셨다. 신약의 예배는 성령의 새로움으로 드린다.

📋 예술

교회들은 예배를 표현하고 지원하며 향상시키기 위해 구약의 예배 방식으로 다양한 예술 형태를 사용하고 있다. 음악, 무용, 드라마는 모두 그들의 예술적 영향력 때문에 기독교 예배에 접목되었다. 이러한 예술 작품은 사람이 만든 것이며, 예술을 감상하는 사람들에게 즐거움을 제공하지만 하나님은 기뻐 받지 않으신다.

■ 교회 음악

음악은 율법에 따른 예배에서 그랬던 것처럼 교회에서도 예배의 필수적인 부분이다. 교회들은 공동 예배에서 음악 사역을 우선시하고 하나님께 영광을 돌리기 위해 성스러운 음악의 예배를 드린다.

일부 교회는 젊은 청중의 마음에 들게 하려고 콘서트 형식의 예배 음악으로 현대적 예배를 제공하기도 한다. 카리스마로 예배하는 교회들은 흔히 예배 초반에 예배 음악을 드리고 후반부에 설교가 따른다.

음악 예배에는 오라토리오, 칸타타, 찬송가, 복음 성가, 합창 콘서트, 독주회, 독창회 등 다양한 유형의 음악이 포함된다. 교회 건물에 치솟는 파이프 오르간의 강력한 소리가 공간을 가득 채우는가 하면, 전자 기타와 타악기가 더 큰 음색을 더한다.

음악은 감정을 불러일으키고 즐거운 경험을 제공하는 능력을 가지고 있다. 예배 음악은 회중이 예배하기에 적합한 분위기를 조성하고, 듣는 이의 정서적 반응을 이끌어내려는 것이다. 이는 백화점이 긍정적인 쇼핑 환경을 조성하기 위해 음악을 사용하는 것과 유사하다. 일부 교회에서는 예배 전에 준비 찬송을 한다. 일부 목회자는 감정을 조작하려고 음악을 이용하고, 다른 목회자는 복음 메시지와 목회 기도의 정서적 공명을 높이기 위해 음악가들에게 배경 음악을 요청하기도 한다.

교회 음악가들은 공연 예술가들처럼 최고의 음악을 하나님께 드리기 위해 열심히 연습하고 예행연습도 한다. 전문적인 공연에는 뛰어난 합창단, 훌륭한 오케스트라, 그리고 우수한 솔리스트들이 포함된다. 교회 합창단의 조화와 악기들의 오케스트레이션은 회중의 감각을 즐겁게 한다.

하지만 예배 음악의 아름다움에 하나님은 감동받지 않으신다. 그분은 음악으로 드리는 자연적 예배를 받지 않으신다. 그리스도를 통해 성령으로 바치는 영적 예배를 요구하신다.

하나님의 예배에 음악을 사용하는 것은 구식이다. 구약 시대에 레위 음악가들은 예배를 위해 예배 음악의 전문적인 봉사를 제공했다. 교회 음악가는 신체적이고 자연적인 예배 행위를 수행한다. 성악가는 입, 목, 후두, 폐, 성대 등 신체의 여러 부분들로 성가를 부른다. 악기 연주자는 예배 음악을 위해 악기를 연주한다.

신약의 백성은 성령의 새로운 방식으로 예배한다. 크리스천 예배는 본질적으로 영적이므로 영과 마음으로 드리지, 성악이나 기악을 사용하지 않는다. 초기 기독교인들은 에베소서 5장 18~19절과 골로새서 3장 16절에서, 성령의 충만을 받고, 시와 찬송가, 영적인 노래로 서로 말하고 가르치며, 마음으로 하나님께 노래하라고 지시를 받았다.

일부 사람들은 사도 바울의 편지에 적힌 이 구절들과 시편 150편 3~5절을 통해 크리스천 예배에 음악이 포함되는 것을 정당화하려 한다. 그러나 이 성경 구절에 나오는 '시와 찬송가와 영적인 노래'는 하나님께 드리는 음악이 아니라 성도들 간의 말하고 가르치는 방식이며, 그 의미는 명확하지 않다. 예를 들어, '시'라는 용어는 구약 성경의 시편에 나오는 시를 의미하는지, 아니면 다른 시를 말하는지 우리는 확실히 알 수 없다. 또한 이 '시'를 교독했는지 영창했는지도 불분명하다.

다른 한편, 신약 성경에는 성령의 영감을 받아 마음으로부터 노래한 빌립보서 2장 6~11절, 골로새서 1장 15~20절, 디모데전서 3장 16절 등 크리스천 찬송가가 있다. 이 찬송가들은 인간이 작사 작곡하고 특정한 음악적 구조와 성악 및 기악 연주가 있는 음악적 찬송가 및 복음 성가와는 전혀 다르다. 교회 음악과 크리스천 찬송가 사이에는 가사, 리듬, 선율, 화성 등의 측면에서 분명한 차이가 있다. 교회 음악은 형식적이고 전문적인 반면, 크리스천 찬송가는 즉흥적이고 황홀하다.

하프가 요한계시록에 있는 천국 예배에 언급되어 있다(계 5:8, 14:2, 15:2). 그러나 그리스도인들이 예배에 악기를 포함해야 한다는 의미는 아니다. 하프는 구약 예배에서 사용되었던 전통적인 악기였다(대상 13:8; 대하 5:12).

그리스도에 따른 예배에서 노래는 음악가가 작사 작곡한 것이 아니라 성령으로 충만한 성도의 마음에서 나온다. 참된 예배자는 영과 이해로 하나님께 마음에 있는 찬양과 감사의 노래를 드린다(고전 14:15). 우리의 마음과 삶에 예배의 노래가 있는 것이 중요하다. 주의 영광을 바라보며 하나님을 예배할 때마다 내 마음은 성령으로 충만해지고 그 마음으로부터 찬양과 감사의 노래가 자유롭게 흘러나온다.

그러므로 찬송가와 복음 성가와 같은 음악으로 드리는 예배는 그리스도인 예배가 아니다.

■ 전례 무용

전례 무용은 기독교 예배에서 또 하나의 예술적 표현이다. 공연자들은 무용과 무용극을 사용하여 하나님께 상징적인 행동과 예배를 전한다. 이러한 예술 형식은 관객을 즐겁게 하고 영감을 주며 고양시킬 수 있지만, 하나님은 받지 않으시는 신체적인 예배 봉사이다.

일부 사람은 성령으로 무용을 한다고 주장하지만, 이러한 주장은 오해의 소지가 있고 주관적일 수 있다. 왜냐하면 전례 무용은 숙련된 무용수가 신중하게 연습하고 리허설한 사전 안무 루틴을 따라 수행하기 때문이다. 성령에 의한 즉흥적이고 황홀한 춤과는 다르다.

성령님이 우리에게 춤을 추도록 하시면, 그 경험은 강력하여 기쁨과 감격으로 충만하다. 이 경우, 우리의 춤은 훈련이나 기술의 결과가 아니라 하나님의 임재와 능력의 나타남이다. 이런 춤은 회중을 놀라게 한다.

묵상과 예배

1. 교회에서 율법주의적 예배는 유대-기독교 전통에 따른다. 이와 대조적으로, 참된 예배는 그리스도 예수의 계시에 따른다.

2. 물 세례는 성령 세례를 받지 않은 사람에게는 아무 의미가 없다.

3. 성령에 의한 거듭남의 세례를 받지 않은 사람은 하나님 나라에 들어갈 수 없다(요 3:5).

4. 성경은 예수 그리스도를 증언한다(눅 24:25~27; 요 5:39). 성경이 증언하는 주님께 눈을 돌려 그분의 영광과 권능을 바라보고 믿음으로 하나님을 예배한다.

5. 예배에서 육체의 불은 재를 남기지만 성령의 불은 영생을 준다.

6. 우리는 세상에 있지만 세상에 속하지 않는다(요 17:14~16).

7. 음악 예배는 크리스천 예배가 아니다.

15.
기독교 예배 봉사에서 율법주의적 요소

이 장에서는 기독교 예배 봉사의 구성 요소에서 흔히 볼 수 있는 율법주의적 요소들을 나타낸다.

📖 인간의 전도

- 다른 복음

많은 전도자들이 예수 그리스도의 복음에 율법을 추가하거나 복음을 왜곡하여 다른 복음으로 바꾸어 전한다(갈 1:6~7). 번영 복음과 기복 신앙이 그 예이다. 예수를 믿고 경건한 삶을 살며 선한 일을 행하는 사람은 물질적 부, 건강, 세속적 성공 등 세상의 좋은 것들로 하나님의 호의를 받는다는 복음이다. 또한 그들은 십일조와 헌금을 교회에 바치면 하나님의 보상이 보장된다고 주장한다.

이런 메시지는 세상의 번영을 중요하게 여기는 사람들에게 호소력이 있다. 그러나 율법의 행위나 선행에 기반한 세상 종교의 믿음과 소망은 죽은 것이다. 다른 복음은 세상의 복음이며, 이단이다.

예수 그리스도의 복음은 이 세상의 번영이 아니라 하늘의 영적인 복이다(엡 1:3~14; 골 3:1~4). 신자의 선행은 하나님의 축복을 받아내려는 일이 아니라, 하나님의 은혜로 구원받아 새로운 삶을 가진 자가 당연히 행하는 봉사이다(엡 2:10; 딛 2:11~14).

- 인간의 전도법

사람들은 연대순 성경 이야기, 창조 전도, 사후 천국과 지옥, 생활 전도, 우정 전도, 4영리, 전도 폭발, 인력과 금력 등 다양한 전도 방법을 개발하여 사용하고 있다. 그러나 하나님의 전도법은 성령이다(행 1:8; 롬 15:19; 고전 2:4).

어떤 전도자는 전도를 위해 율법을 사용하여 죄와 죄책감을 느끼게 만든 후, 예수 그리스도의 필요성을 확신시키려고 한다. 그러나 율법을 통해 사람들은 죄와 죽음을 알게 되고(롬 3:20, 7:7~11), 절망과 무력함을 깨닫게 된다. 죄인은 율법이 아니라 예수 그리스도의 복음을 들을 때, 주께로 눈을 돌려 진리를 보고 그분을 믿어 하나님의 구원을 받는다. 그러므로 예수 그리스도의 복음을 전하는 것이 중요하다.

■ 예수 그리스도를 믿기로 결정

전도자들은 듣는 자들이 예수 그리스도를 믿기로 결정할 것을 격려한다. "예수를 믿습니까? 믿으시면 아멘하세요"라고 믿기를 조장하는 전도자도 적지 않다. 인간의 자유 의지로 예수를 믿을지 말지를 선택할 수 있다고 생각하기 때문이다. 믿기로 결정한 사람들은 "I have decided to follow Jesus…"("주님 뜻대로 살기로 했네…")라고 노래한다.

하지만 그리스도인의 믿음은 예수에 관한 말씀을 들어 알지만 아직 보지 못하여 확신이 없을 때, 인간의 의지로 믿기로 결심하는 것이 아니라, 십자가에서 예수를 통해 나타난 주의 영광과 진리를 보고 믿는 인간의 반응이다(요 1:14, 3:14~15). 믿음과 구원은 사람의 뜻이 아니라 하나님의 뜻에서 난 것이다(마 16:15~17; 요 1:12~13).

불신자에게는 예수 그리스도의 복음이 베일에 가려져 있고(고후 4:3~4), 그들의 마음은 완고하고 어둠 속에 있다. 십자가에 들려 올려진 예수 그리스도를 바라보고 믿으라고 한들, 그들은 눈이 있어도 볼 수 없고, 예수를 믿고 싶어도 자유롭게 믿을 수 없다. 그럼에도 불구하고, 인간의 자유 의지로 믿는다고 한다면 그 믿음은 맹신이거나 광신이다.

더욱이 그리스도인의 신앙은 인간의 의지로 믿기로 결정하는 행위가 아니라 구원을 위한 하나님의 능력이신 성령에 근거하고 있다(고전 2:4~5). 우리의 믿음은 예수 그리스도의 계시에서 나타난 주의 영광을 보고 성령에 의한 거듭남을 체험하며 받은 확신이다. 믿음과 구원은 예수 그리스도의 은혜와 성령의 능력으로 주시는 하나님의 선물이다(마 16:15~17; 행 16:14~15; 엡 2:8-9; 히 12:2; 벧후 1:1).

게다가 교회는 다니지만 예수를 믿지 않는 자들 중에는 그리스도를 자기 의지로 믿기로 결정하기까지 몇 년이 걸리는 사람들도 있다. 그러나 하나님의 아들이 십자가에 높이 올려진 것은 죄와 사망으로 멸망하는 자들이 주께로 향하여 그분의 나라와 권세와 영광을 보고 그분을 믿는 자마다 영생을 얻게 하려 함이다(요 3:14~15). 지금이 믿음과 구원의 때이다.

■ 죄인의 기도

일부 전도자는 죄인에게 회개하고 믿음의 결단으로 예수님을 구세주로 영접하도록 요구한다. 그들은 한 구절씩 따라 반복하는 영접 기도를 시킨 다음, 그 죄인이 구원받았다고 선언한다. 그러나 하나님은 예수 그리스도의 복음과 성령으로 가난한 죄인에게 오셔서 성령에 의한 중생의 씻음을 통해 그들을 멸망에서 구원하신다(딛 3:5~7).

📖 자연적 제물을 바치는 예배 봉사

교회에 다니는 사람들은 하나님께 자연적 제물을 드리는 것으로 예배를 표현한다. 영적 제물 없이 자신의 몸과 돈을 바치는 경우가 많다. 입술로 성경을 읽고 기도문을 암송하고 찬송가를 부른다. 영적 제물이 결여된 육적 기도와 찬송가는 하나님께 도달할 수 없다. 손을 들고, 박수를 치고, '아멘', '할렐루야'를 외치고, 춤을 추는 등 몸으로 예배를 표현한다. 이러한 예배는 구약 예배의 관행과 유사하다. 은혜의 하나님께 감사하는 마음 없이 바치는 십일조와 헌금을 그분은 받지 않으신다. 영적 제물이 없는 예배 봉사는 헛되고 무의미하다(마 15:8~9).

참된 예배자는 성령으로 성화된 영적 제물을 드리기를 우선한다. 이는 자연적 제물보다 하나님이 기뻐 받으시는 제물이다. 하나님께 영적 제물을 드리려면 성령으로 충만한 마음이 필요하다(엡 5:18~21). 영적 예배는 예배자의 몸과 물질을 드리는 봉사가 아니라, 온 마음과 영으로, 혼과 몸을 모두 하나님께 희생 제물로 바치는 헌신이다(롬 12:1).

📖 인간이 쓴 기도문

기도의 중요성과 필요성, 능력은 우리 모두 잘 알고 있다. 그런데, 왜 우리는 기도하지 않는가?

기도가 어렵고 부담스러울 수 있다. 성령의 도움 없이는 효과적인 기도가 불가능하다(눅 11:1; 롬 8:26). 육으로는 기도할 수 없다. 육의 사람은 약하여 무엇을 어떻게 기도해야 할지 막막함을 느낀다. 그들은 산만함을 줄이기 위해 눈을 감지만, 그들의 마음은 여전히 경쟁하는 생각들로 가득 차 있다. 결국, 그들의 기도는 어두운 공중에서 방황하다가 길을 잃고 사라진다.

기독교인들이 기도하기를 꺼리는 또 하나의 이유는 죄의식과 그리스도와의 거리감 때문이다. 하나님과 소원해진 사람은 그분 앞에 나아갈 때 확신이 없다. 그들은 머릿속에서 종교적 어휘와 정교한 언어로 기도문을 작성하려고 애쓴다. 결과적으로, 기도를 해야 하니까 의무감에서 하나님께 입 서비스를 제공하고, 마음과 삶을 바침 없이 기도문을 읽거나 암송한다.

그러므로 기도자는 기도서나 노트를 의지한다. 예를 들어, 유대인들은 유대 달력에 따라 배열된 전례 기도문이 수록된 유대인 기도서(Siddur)를 사용한다. 성공회 교인은 토마스 크랜머가 쓴 공동 기도서(The Book of Common Prayer)를 사용하는데, 이 기도서에는 예배와 기도문이 포함되어 있다. 가톨릭 신자는 묵주 기도('주님의 기도'와 성모송 포함)를 암송하고, 마리아, 천사, 성인의 중보를 청한다. 개신교 신자는 예배 중에 마태복음 6장 9~13절에 있는 '주기도문'을 암송하기도 한다.

크리스천 기도는 기도문 암송이나 인간의 말이 아니라 기도자가 직접 그리스도를 통하여 성령으로 하나님께 드리는 것이다. 유효한 기도는 성령님이 거하시는 성도의 속에서 넘쳐난다. 머리와 입술에서 나오는 기도는 생명이 없어 메아리처럼 허공으로 사라진다. 하나님의 영이 없는 기도자는 외롭고 공허하게 느끼며 의미 없는 말을 한다.

📖 그릇된 교리를 가르침

개신교인들은 종교 개혁의 원칙인 '오직 성경'을 따른다. 이 원칙에 따르면 성경은 기독교인의 신앙과 생활에서 유일하고도 최종적인 권위를 가진다. 모든 기독교 교리가 성경에 근거를 두어야 하며, 구원을 얻는 데 필요한 모든 진리가 성경에 명시되어 있다고 믿는다. 그리하여 많은 교회 교사들은 성경에서 출발한다.

하지만 성경을 자기 마음대로 해석하고 자기 의견을 성경적 교리로 가르친다. 그들은 "성경은 성경으로 해석한다"라고 말하고, 성경을 자기 의견을 지지하는 수단으로 사용한다. 예를 들어, 한 개혁파 목사는 마가복음 1장 9절에 있는 예수의 물 침례를 갈라디아서 3장 27절에 있는 신자들의 성령 침례로 해석하여 그의 설교에서 가르친다.

또한 많은 교사들은 기독교인의 십일조를 가르치기 위해 말라기 3장 7~12절, 마태복음 23장 23절, 히브리서 7장 1~2절 등의 성경 구절을 사용한다. 마찬가지로, 한 장로교 목사는 교회 예배에서 악기 사용을 지지하기 위해 시편 150편 3~5절을 인용하지만, 악기 음악이 구약 예배의 관행임을 모른다.

대부분의 기독교 지도자들은 그리스도의 계시와 성령의 도움 없이도 성경에 관한 충분한 이해에 도달할 수 있다고 믿는다. 하지만 성경은 성령의 영감으로 기록되었으므로(딤후 3:16; 벧후 1:20~21), 그리스도를 통하여 성령에 의해 해석해야 한다. 보혜사 성령의 도움 없이는 성경을 이해할 수도, 그리스도의 진리와 신비를 알 수도 없다.

오직 성경의 문자에만 의존하는 교사는 사사로이 해석하여 오류를 가르친다. 이러한 그릇된 교리들은 성경에 근거를 둔 듯하나 실제로는 성경적 교리가 아니다.

생물학자가 개구리를 연구하려고 과학의 칼로 해부하면 그 본체를 볼 수 없는 것처럼, 신학자도 하나님을 알려고 성경을 철학과 신학으로 해부하면 하나님을 보지 못한다. 그 결과, 그들은 성경이 증언하는 예수 그리스도의 진리와 영광을 온전히 보지 못한다. 신학적 지식을 성경적 교리로 가르치며, 성경을 다양하게 해석한 결과 수많은 인간의 교리와 기독교 교파와 교단이 형성되었다.

더욱이 율법주의 교회들은 성경의 가르침을 신학자들이 조직적으로 요약한 사도 신경, 니케아 신조, 웨스트민스터 신앙 고백서 등의 신조들을 사용하여 교인들에게 기독교 교리로 가르친다. 이러한 신앙 고백서는 예배 중에 암송된다.

　게다가 교리 문답서가 기독교 교리 교육에 사용된다. 예를 들어, 가톨릭 교회 교리서는 그 교회의 가르침을 요약한 문서이다. 교리 문답서는 종종 문답식으로 이루어진다. 교리들은 성경의 가르침, 교회의 전통, 인간의 이성에 기반을 두고 있다. 교회의 교리는 성경만큼 권위가 있는 것으로 여겨진다. 그러나 교회의 전통과 인간의 신학과 이성이 그리스도인의 신앙과 삶에 권위가 되어서는 안 된다. 이사야 55장 8~9절이 말씀하듯이 하나님의 생각과 방식은 인간의 이해를 넘어선다.

　여기서 중요한 점은 성경을 학문적으로 연구하거나 신학적 교리를 배워 얻은 지식이 신앙 성장이나 신자의 변화를 일으키지 않는다는 것이다. 이러한 지식은 우리가 더 나은 사람으로 발전하는 데 도움을 줄 수는 있지만, 새로운 창조를 이루지는 못한다. 새사람이 되고 영생을 얻어 천국에 들어가려면 그리스도의 영광을 바라보아 믿음을 통해 성령으로 거듭나야 한다(요 3:3~15).

📖 십일조와 헌금

율법적인 교회 지도자들은 십일조의 중요성을 강조하며, 교인들이 교회에 바칠 것을 독려한다. 그들은 종종 말라기 3장 10~12절을 인용하여 십일조의 대가로 하나님의 축복을 약속한다. 일부 교회에서는 교회 직분을 맡기 위해 십일조가 요구된다. 그래서 많은 기독교인들은 십일조와 헌금을 예배 행위로 하나님께 예물로 바친다. 일부 교회들은 십일조를 바치는 사람들을 공개적으로 인정해 준다.

기독교인의 십일조는 모세의 율법에 근거한 것이므로 율법주의이다. 율법 아래에서 유대인들은 율법의 문자를 엄수하여 하나님께 십일조를 드려야 했다. 하나님의 은혜 아래 있는 그리스도인이 십일조를 바치는 것은 율법의 구식이다. 예수님과 사도들은 신자들에게 십일조를 교회에 바치라고 명령한 적이 없다. 십일조는 우리를 율법 아래로 되돌려 놓아 구약의 율법 전체를 따라야 하는 의무를 부여하기 때문에 그리스도의 죽음의 의미에 반하는 것이다(갈 5:3). 율법에서 자유로운 크리스천은 율법의 문자를 넘어 헌금할 수 있고, 성령으로 십일조의 법을 완성할 수 있다.

나아가, 크리스천 예배는 하나님께 돈을 예물로 바치는 것이 아니고, 헌금은 가난한 사람들의 필요를 섬기는 것이다. 하나님은 천지의 주이시니 물질의 예물을 필요로 하시지 않는다. 교회를 유지하고 크리스천 사역을 위해 자금이 필요한 쪽은 바로 우리이다. 가난한 사람들이 우리의 재정적 도움을 필요로 한다. 그러므로 그리스도인은 율법의 의무가 아니라 사랑과 은혜로 필요한 사람들에게 재산을 나눈다.

게다가 십일조는 부자와 빈자 사이에 불균형을 만들 수 있다. 십일조가 기본적인 필요를 충족하기 위해 고군분투하는 사람들에게는 도전이 될 수 있지만, 부유한 사람들에게는 그들의 풍부함에서 십일조를 내는 것이 쉬울 수 있다. 이러한 불공평은 하나님의 가족인 형제자매들 사이에 좋지 않다. 또한 십일조를 내지 못하는 사람들에게는 죄책감과 수치심을 일으킬 수도 있다.

일부 목사들은 교인이 십일조를 정확하게 계산할 수 있도록 지침을 제공한다. 모든 수입을 기준으로 온전한 십일조를 계산하고 정확한 액수를 바치라고 가르친다. 그 결과, 교인들은 총소득 혹은 순소득, 세금 전 또는 후의 소득, 증여금과 상속금에 십일조를 적용하는지, 지역 교회에 지불해야 하는지 다른 용도로 사용해도 되는지 등 세부 사항에 의문을 갖는다.

다른 목사들은 십일조를 크리스천 헌금의 첫걸음으로 본다. 그러나 십일조는 구약의 율법에 속하여 지금은 시대에 뒤떨어진 것으로 더 이상 크리스천 헌금의 유효한 기준이 아니다. 그리스도인은 율법의 문자의 옛 방식이 아니라 성령의 새로운 방식으로 헌금한다.

어떤 사람들은 십일조가 성경의 지지를 받는 성경적 의무라고 주장한다. 그들은 히브리서 7장 1~10절을 인용하여 모세의 율법이 주어지기 전에 아브라함이 모든 전리품의 십분의 일을 멜기세덱에게 바쳤다고 말한다. 창세기 28장 20~22절에서 야곱도 하나님께 십분의 일을 드리겠다고 서원했으므로 크리스천 십일조를 실천할 증거로 인용된다.

그러나 이 구절들은 기독교인의 십일조를 지지하지 않는다. 히브리서 7장은 그리스도의 제사장직이 레위 제사장직보다 우월하다는 것을 증명하는 데 목적이 있다. 아브라함과 야곱의 예를 그리스도인의 헌금의 모범으로 삼아서는 안 된다. 그리스도인은 율법의 문자대로 기부하지 않고 성령의 인도하심에 따라 자유롭게 헌금한다. 만약 아브라함과 야곱을 그리스도인의 삶의 모델로 삼는다면, 구약의 율법의 다른 규례도 준수해야 한다. 할례, 제단 쌓기, 동물의 제물을 바치는 것 등이 그 예이다.

마태복음 23장 23절에서 예수님은 바리새인들과 서기관들이 향료용 식물의 십일조처럼 율법의 사소한 면에는 집중하면서도, 정의, 자비, 신실함의 본질적인 원칙은 소홀히 한다고 비판하셨다. 예수님은 유대인에게 십일조를 하라고 가르치셨지만, 그리스도인에게 이 관행을 따르라고 가르치지는 않으셨다. 십일조는 율법 아래에 있는 유대인의 의무였다. 예수님은 율법을 폐하러 오신 것이 아니라 율법을 완성하러 오셨기 때문에 십일조를 비난하지 않으셨다(마 5:17).

예수 그리스도는 우리의 죄를 위해 십자가에서 죽으시고 십일조를 포함한 율법의 요구를 완성하여 율법을 구식으로 만드셨다. 그 결과, 그리스도인은 십일조의 율법적 요구 사항을 엄수하지 않고, 성령의 사랑과 자유로 십일조를 완성한다. 성령으로 충만했던 초기 유대 그리스도인들은 십일조를 실천하지 않았으며 모든 재산을 나누어 가졌다(행 2:44~45, 4:32~35). 사도 바울은 신자들에게 규정된 십일조를 따르지 말고 가난하고 궁핍한 사람들에게 자유롭고 관대하게 헌금하라고 가르쳤다(고후 8~9장).

십일조 외에도 교회들은 주일 헌금, 감사 헌금, 선교 헌금, 건축 헌금, 자선 기금과 성탄절, 부활절, 맥추절, 추수감사절, 신년과 같은 절기 헌금 등 다양한 이름과 구실을 사용하여 교인들에게 돈을 청구한다. 그리하여 교인들은 이러한 헌금을 지역 교회로 가져와 예배의 한 형태로 하나님께 바친다.

축도

축도는 율법의 구약에 있는 제사장의 축복(민 6:22~27)에서 유래되었다. 영어로 benediction은 라틴어에서 온 말로 bene (well) + diction (saying)으로 된 단어로 문자 그대로 좋은 말을 하는 것으로, 성직자가 하나님의 이름으로 회중을 축복하는 말을 의미한다. 따라서 베네딕션은 축언이지 축도가 아니다. 이 축도가 율법주의적인 교회의 예배에 필수적 부분이 되었다.

구약 시대에는 아론과 제사장이 이스라엘 백성을 향하여 손을 들고 주의 이름으로 그들을 축복했다(레 9:22; 신 10:8, 21:5). 율법에 따르면 레위 제사장이 백성에게 하나님의 축복을 선포하는 특권을 가졌다.

오늘날, 안수받은 성직자들은 축도를 신성한 특권으로 여긴다. 이 종교 의식은 보통 예배가 끝날 때 마지막 순서로 행해진다. 성직자들은 레위 제사장의 예를 따라 제사장의 권위를 가지고 높은 단에 올라가 회중을 향하여 손을 들고 축도를 선포한다.

교회에서 축도는 일반적으로 전통적인 성경 구절을 사용하여 암송된다. 여기에는 고린도후서 13장 14절에 나오는 사도적 축도나 민수기 6장 24~26절에 있는 제사장적 축도가 포함된다. 신약성경에는 로마서 16장 20절, 고린도전서 16장 23절, 갈라디아서 6장 18절, 빌립보서 4장 23절, 데살로니가전서 5장 28절, 데살로니가후서 3장 18절, 요한계시록 22장 21절 등 비슷한 내용의 구절들이 있다.

그리스도에 따른 예배는 암기된 공식이 아니라 성령으로 충만한 마음에서 나온다. 매주 일요일마다 같은 축도를 반복하는 것은 기계적이고 진부하며 지루할 수 있다. 더욱이 사도 바울의 편지에서 이른바 사도의 축도는 제사장의 축도가 아니라 서신서의 인사말이다(고전 16:21~24; 살후 3:17~18).

📖 친교

오늘날 교회의 교제는 종종 일상적인 사회적 친교가 되었다. 교회에 다니는 사람들은 예배 후 지정된 친교 공간에 모여 음료나 간식을 즐기며 시사, 건강, 여행, 음식, 일, 날씨 등 일상적인 주제에 대하여 이야기한다.

그러나 참된 그리스도인의 교제는 일상적인 대화와 사교 행사를 초월한다. 그리스도에 따르면 성도의 교제는 성령에 의한 하나님과 그리고 성도들과의 영적 결합과 친밀한 관계를 포함한다(요일 1:3). 그리스도인의 교제는 서로 간의, 하나님과의 사랑과 평화의 유대로 특징지어진다.

교회에서 흔히 볼 수 있는 친교에서는 프로그램이나 사교 활동에 더 집중하기 때문에 영적인 의미가 부족할 수 있다. 이는 자기중심적 추구와 종파로 이어질 수 있으며, 교회를 분열시키고 하나님과, 백성과의 교제를 방해할 수 있다.

죄는 하나님과 인간 사이의 관계와 개인 간의 관계에 분열을

일으킨다(사 59:2). 그 결과, 회개하지 않고 죄의 지배 아래 사는 죄인은 교회에서 친밀한 교제를 형성할 수 없다. 군중 속에서도 외로움을 느끼고, 하나님과 다른 사람들로부터 단절됨을 느낄 수 있다.

그러므로 교회는 그리스도의 몸으로서 성령의 교제를 나누어야 한다. 이를 통해 우리는 하나가 되어 성령의 의와 평화, 사랑과 기쁨으로 하나님을 예배할 수 있다.

묵상과 예배

1. 예수 그리스도의 십자가 복음 이외의 메시지는 전혀 다른 복음이다(갈 1:6~7).

2. 그리스도인이 전하는 복음은 부와 건강을 위한 이 세상의 복음이 아니라 영생과 천국을 위한 십자가의 메시지이다(요 3:14~16; 행 2:22~36; 고전 1:18).

3. 크리스천 신앙은 인간의 자유 의지에 의한 결정이 아니라, 예수 그리스도의 계시로 나타난 주의 영광을 보고 구원을 위한 성령의 능력에 대한 인간의 반응이다.

4. 크리스천의 예배 봉사는 인간의 행위가 아니라 성령의 사역이다. 우리는 육신이 아니라 성령으로 예배한다.

5. 성령의 도움 없이 우리는 예배할 수도, 기도할 수도 없다(롬 8:26).

6. 많은 교회 지도자는 그리스도의 진리 대신, 신학적 교리를 가르친다.

7. 하늘과 땅의 주 하나님은 십일조와 헌금을 받지 않으신다. 그분은 찬양과 감사의 영적 제물을 기뻐 받으신다.

8. 그리스도인의 교제는 교회에서 나누는 사회적 친교가 아니라, 그리스도를 통하여 성령에 의한 하나님과, 성도들과의 영적 교제이다(고전 1:9; 요일 1:3).

9. 우리의 예배에 율법주의적 요소가 있는지 자신을 돌아보자.

16.
그리스도에 따른 예배 봉사

우리는 무엇으로 어떻게 거룩한 하나님을 예배할 수 있는가? 그분이 기쁘게 받으시는 제물과 제사는 무엇인가?

이 장에서는 그리스도에 따른 제물과 거룩한 제사장직을 설명한다. 예수 그리스도께서는 우리를 위해 하나님께 완전한 희생 제물로 자신을 바치셨으며, 지금은 하늘에서 우리를 위해 계속 중보하고 계신다. 그러므로 우리는 그리스도 예수를 통해 성령에 의해 하나님께 영적 제사를 드린다.

또한 그리스도인의 삶에서 사랑과 거룩함의 중요성이 강조된다. 예배 봉사보다 먼저 하나님과 이웃을 사랑하는 것이 가장 중요하다(마 22:34~40; 막 12:28~31). 아울러, 성도들은 거룩한 삶을 통해 하나님께 영광을 돌리는 데 헌신함을 중시한다.

📖 영적 제물을 바치는 그리스도인의 제사장직

하나님께서는 신약의 백성에게 무엇을 요구하시는가?

하나님의 아들이자 하늘의 대제사장이신 예수 그리스도께서는 세상의 죄를 단번에 속죄하기 위해 십자가에서 자신을 완벽한 제물로 하나님께 바치셨다(히 7:26~27, 10:10). 그리스도의 희생은 율법의 요구를 완성하였으므로 하나님은 이제 더 이상 우리의 죄를 위한 제물을 요구하시지 않는다(히 10:17~18). 그러므로 신약의 제사장은 하나님이 기뻐 받으시는 의롭고 영적인 제물을 바친다.

- 의로운 제물

하나님께서는 제물보다 예배자를 먼저 보신다. 교회에서 성수주일하고 십일조와 헌금을 바치고 봉사를 많이 할지라도, 의인의 제물과 봉사가 아니면 모두 헛되다. 하나님은 죄인의 제물을 받지 않으시기 때문이다. 예배자는 먼저 의인이 되어야 한다.

하나님의 의가 예수 그리스도를 통해 나타나, 그분을 바라보고 믿음으로 의인이 된다(롬 3:21~22, 28; 갈 2:16). 신자는 하나님 보시기에 의롭다. 따라서 의인은 그리스도를 통해 의로운 제물을 하나님께 바친다. 의로운 예배자와 제물을 하나님은 기쁘게 받으신다(히 11:4).

■ 영적 제물

진리의 성령으로 예배하는 자를 찾으시는 하나님께서는 성령에 의한 영적 제물을 받으신다. 크리스천 제사장은 그분께 찬양과 감사, 선행의 영적 제물을 바친다(벧전 2:5; 히 13:15~16). 전도, 예배, 기도, 가난한 자들을 위한 기부, 그 밖의 봉사 등 모든 예배 행위는 찬양과 감사로 행해진다(고전 10:31; 골 3:17; 벧전 4:11).

성령에 의해 성화된 성도의 몸은 하나님께서 기쁘게 받으시는 영적 제물이다. 우리는 하나님께 우리 몸을 거룩한 산 제물로 바침으로써 영적 예배를 드린다(롬 12:1). 이러한 헌신의 본은 예수 그리스도께서 우리를 사랑하셔서 우리를 위해 십자가에서 자신을 하나님께 제물로 바치심으로 보여 주셨다(엡 5:2). 그리고 이러한 헌신의 예배는 우리를 그리스도의 은혜로 구원하신 하나님께 대한 우리의 합당한 삶이며, 당연한 의무이다.

영적 예배는 우리의 몸과 마음, 영과 혼을 포함하여 온 존재를 하나님께 산 제물로 바치며, 거룩한 생활로 그분의 영광을 위해 섬기는 것이다. 하나님의 성도로서 우리는 그분에게 거룩하고, 주의 소유임을 인식하며, 사랑과 봉사로 그분을 섬기는 데 헌신한다. 우리는 항상 죄와 세상으로부터 우리 자신을 분리하여, 우리의 거룩한 삶을 하나님께 제물로 바친다.

그러므로 우리의 일상생활은 예배 행위가 된다. 성령의 인도를 받아 우리는 하나님과 동행하며, 우리의 모든 존재와 소유로 그분을 섬긴다. 삶과 죽음에 있어서 우리의 목적은 주께 영광을 돌리는 것이다(롬 14:7~8; 빌 1:20). 우리는 가정, 직장, 사회, 교회에서 헌신과 거룩한 행동을 통해 이 목적을 성취하고자 한다(롬 12~15장; 엡 5~6장).

사도 바울은 부활하신 주 예수님을 만나 성령을 받고, 하나님의 은혜의 복음을 전하는 데 헌신했다(행 9:1~22, 20:24). 그는 자신의 생명을 하나님께 제물로 바쳤다(빌 2:17). 바울에게 삶과 죽음은 주님과 이웃을 향한 사랑과 봉사의 행위였다(빌 1:20~26). 그는 자신의 임박한 죽음을, 교회를 위해 하나님께 바치는 제물로 여겼다(딤후 4:6).

그리스도 예수께서는 하나님의 예배를 위한 성령의 새롭고 살아있는 길을 열어 놓으셨다(히 10:20). 따라서 크리스천 예배자는 율법의 옛 길이 아니라, 성령의 새 길로 주님을 섬긴다(롬 7:6; 고후 3:6). 하나님의 영에 의해, 하나님의 영광을 위해 우리는 전도, 예배, 가르침, 교제, 선행에 매일 그리고 지속적으로 헌신하고 있다.

📖 전도

전도란 예수 그리스도의 복음을 전하여 성령에 의해 성화된 사람을 하나님께 산 제물로 바치는 제사장의 봉사이다. 사도 바울은 제사장의 복음 사역을 통해 성령에 의해 거룩해진 이방인들을 하나님께 바쳤다(롬 15:15~16). 우리도 사람들에게 복음을 선포하여 그들을 그리스도를 통하여 성령에 의해 성화된 성도로 하나님께 드린다. 구원받은 사람들을 하나님께 바침으로써 하나님께 영광을 돌린다. 이러므로 전도는 그리스도인의 예배 봉사에서 중요한 부분이다.

그리스도인이 세상에 전하는 메시지는 하나님의 복음이다. 복음이란 하나님 나라와 우리의 구원에 관한 좋은 소식이다(마 4:23, 24:14; 엡 1:13).

'복음'이라는 단어는 신약 성경에서 세 가지 의미로 사용된다. 첫째, 복음의 저자와 소유자를 알릴 때는 하나님의 복음이다(막 1:14; 롬 1:1; 벧전 4:17). 하나님은 우리가 행한 바 의로운 행위를 따르지 않고 오직 자신의 은혜를 따라 우리를 구원하신다는 좋은 소식이다(엡 2:4~9; 딤후 1:9; 딛 3:4~7). 이 소식이 바로 예수 그리스도를 통해 나타난 하나님의 은혜의 복음이다(행 20:24).

둘째, 복음의 내용, 즉 예수 그리스도가 우리의 구원을 위해 하신 일을 기술할 때는 예수 그리스도의 복음이다(막 1:1; 롬 15:19; 갈 1:7). 하나님의 아들 예수 그리스도가 우리 죄를 위하여 십자가에서 죽으시고 장사되셨다가 사흘째 되는 날에 다시 살아나셨다는 기쁜 소식이다(행 2:22~32; 고전 15:1~4).

셋째, 복음의 선포자를 확인할 때는 나의 복음이거나 우리의 복음이다(롬 2:16; 고후 4:3; 살전 1:5). 우리는 십자가에 못 박히신 예수가 하나님의 아들이요 그리스도라는 좋은 소식을 선포한다(요 20:31; 행 2:36, 9:20, 22).

십자가의 메시지를 들으면 어떤 일이 일어나는가? 복음의 진리를 순종하여 눈을 들어 십자가에 들려진 예수님을 바라보면, 하나님의 나라와 권세와 영광을 눈으로 보고 예수가 하나님의 아들 그리스도임을 확신한다.

예수 그리스도의 복음은 믿는 자에게 말로만 오는 것이 아니라 하나님의 능력이신 성령으로 온다(살전 1:5). 하나님께서는 성령에 의한 중생의 씻음을 통해 우리를 구원하신다(딛 3:5). 예수 그리스도를 믿는 자마다 성령과 영생을 얻고, 하나님 나라에 들어간다(요 3:5, 15).

그리스도에 따른 전도법은 성령에 의한 것이다. 성령님은 예수 그리스도를 증거할 수 있도록 우리에게 하나님의 능력을 주시고(행 1:8), 우리는 성령으로 담대함과 확신을 가지고 예수에 대하여 증언한다(행 4:31; 롬 1:16). 사도행전이 증언하듯 전도는 성령의 사역이다. 사도 바울은 하나님의 능력에 근거하는 신앙을 위하여 십자가에 못 박히신 그리스도의 메시지를 성령으로 선포했다(롬 15:17~19; 고전 2:1~5).

우리가 성령의 지혜와 능력으로 예수 그리스도의 복음을 선포할 때, 성령님은 예수 그리스도 안에 있는 하나님의 진리와 은혜를 나타내신다(요 1:14, 16:13). 복음을 듣는 자가 하나님의 진리를 보고 순종하면 하나님의 구원으로 인하여 그분께 영광을 드린다.

예배

■ 경배

그리스도 예수의 임재와 계시는 우리에게 하나님의 예배를 유발한다. 성령께서 우리에게 그리스도를 나타내 보이실 때, 우리는 주의 영원한 나라와 권세와 영광을 바라본다. 그 거룩한 광경을 볼 때 그리스도의 임재에서 우리는 사라지고, 주의 영광만이 온 세상에 충만하다. 거룩하신 하나님의 임재에 우리는 압도되어 경건한 두려움으로 그분을 경배한다.

영광의 하나님 앞에서 우리는 자신의 죄와 죽음, 멸망을 깨닫게 된다. 예수님의 지시에 따라 많은 물고기를 잡은 것을 보고 놀란 시몬 베드로는 예수님의 무릎 앞에 엎드려 "주님, 저에게서 떠나십시오. 저는 죄 많은 사람입니다!"라고 고백했다(눅 5:4~8). 사도 요한은 하늘에 계시고 영광을 받으신 그리스도를 보았을 때, 두려움에 사로잡혀 죽은 사람처럼 예수님의 발 앞에 쓰러졌다(계 1:9~17). 예언자 이사야는 하나님의 영광을 보았을 때 죄와 죽음으로 멸망한 자신을 보았다(사 6:1~5).

그럼에도 불구하고, 믿음으로 우리가 구세주 그리스도를 향하여 주의 영광을 바라보면, 성령에 의해 그분의 형상과 영광으로 변화된다(고후 3:18). 우리 주 그리스도 예수께서 거룩한 우리를 하나님 앞에 세우시니, 하나님의 영광이 충만한 성소에서 우리는 주 하나님을 경배한다.

■ 찬양과 감사

하나님의 성도는 그리스도를 통하여 성령에 의해 계시와 구원의 하나님께 찬양과 감사의 영적 제물을 바치며, 그분을 높이고 영광을 드린다. 하나님의 본성, 속성 및 하신 일을 인정함으로써 하나님을 찬양한다. 찬양을 통해 우리는 하나님의 거룩함과 위대함을 인정한다. 요한계시록 4장 8절에서 하늘에 있는 네 생물들은 영광 가운데 보좌에 앉으신 부활하신 주님을 바라보며 끊임없이 그분의 거룩함을 찬양한다.

"거룩하다, 거룩하다, 거룩하다, 주 하나님 전능하신 분, 계셨고, 계시며, 오실 분이시라."

마찬가지로, 하늘의 수많은 무리가 바벨론에 대한 하나님의 심판을 목격하고, 하나님을 예배하며 "할렐루야! 구원과 영광과 권능은 우리 하나님께 있습니다."라고 찬양했다(계 19:1~6). 예루살렘의 초기 유대계 그리스도인들은 예수 그리스도를 통해 하나님의 구원을 경험하고 약속된 성령의 선물을 받고, 사도들을 통해 하나님의 기사와 표적이 많이 나타나니, 경외감을 가지고 하나님을 찬양했다(행 2:41~47).

우리는 구원의 하나님께 감사드린다. 하나님은 우리에게 성령의 능력으로 기적과 기사를 행하셨다. 우리 속에 있는 죄와 이 세상 세력에의 속박과 노예 생활, 헐벗고 굶주리고 목마르고 노숙하는 가난, 길을 잃고 방황하는 광야와 같은 세상에서 고생과 사망으로 멸망 등 다양한 곤경에서 우리를 구출하셨다.

그리고 성령과 영생을 포함하여 그리스도를 통해 받는 모든 영적인 복을 우리에게 주셨다. 우리가 가진 하나님의 좋은 것들, 예를 들면 성령의 평화와 사랑과 기쁨에 대해 우리 하나님께 감사한다.

게다가 이 세상에서 살면서 도움이 필요할 때 도와주신 하나님께 감사를 드린다. 그분은 의식주의 필요를 아시고, 이 모든 것을 우리에게 더하여 주시고; 우리 몸이 병들어 약할 때 치유해 주시고 새로운 힘을 주시며; 고통받을 때 위로해 주시고; 그리고 사고, 전쟁, 자연재해 등 수많은 죽음의 위험에서 우리를 구출해 주셨고, 또 구출하실 것이다.

기도

크리스천 기도의 초점은 그리스도 예수이다. 그리스도는 하나님께로 가는 길이다. 우리는 그리스도를 통해 나타나는 하나님의 은혜에 마음의 눈을 고정하고(벧전 1:13), 그분에게 있는 확신을 가지고 성소에 들어가, 아버지께 영광을 드리기 위해 예수의 이름으로 기도한다(요 14:13).

그리스도인은 하나님의 영으로 기도한다(엡 6:18; 유 1:20). 성령님은 우리의 약함을 도우사 하나님의 뜻에 따라 기도하도록 인도하신다(롬 8:26~27). 우리의 기도는 성령의 도우심으로 마음에서 나오는 영적 제물이다. 이런 기도는 입술에서 나오는 인간의 말을 초월한다.

성령으로 기도할 때 그분은 우리 마음의 깊은 열망을 아시고 우리의 기도를 인도하신다. 하나님의 의와 평화, 사랑과 기쁨으로 우리를 채우사, 우리의 기도는 마음에서 하나님께로 자유롭게 흘러간다. 이처럼 하나님의 영으로 기도하는 것은 즐겁고 쉬운 활동이다. 그리고 하나님은 영적 기도를 들으신다.

크리스천 제사장으로서 우리는 기도와 기원의 제물을 감사함으로 은혜의 하나님께 드린다. 기도와 기원에는 고백, 청원, 중보 등이 포함된다. 고백은 우리의 죄를 인정하고, 하나님의 용서와

화목을 구하는 것이다. 우리는 청원과 중보의 기도를 통해 하나님께 자기를 위해 청원하고, 이웃을 위해 중보한다.

📖 가르침

하나님은 성경과 예수 그리스도를 통해, 성령으로 세상에 진리를 말씀하시고 나타내셨다(요 1:1~18; 히 1:1~2). 하나님의 말씀(성경과 예수)은 진리이다. 진리의 말씀은 성령의 능력(롬 15:18~19; 살전 1:5)과 확신으로 우리에게 온다.

그 결과, 우리는 진리의 말씀을 듣고, 주 예수 그리스도의 진리를 눈으로 보았으며, 구원을 위한 성령의 능력을 경험했다. 우리는 진리, 하나님, 그리스도, 천국과 구원에 대해 가르치는 책임을 위임받았다. 이러한 이유로 우리는 하나님의 영광을 위하여 교회와 가정, 세상에서 진리의 말씀을 가르치는 일에 끊임없이 헌신한다. 진리를 가르치고 배울 때 우리는 몸과 마음을 하나님께 산 제물로 바치며 예배한다.

하나님의 말씀을 가르치는 봉사는 예배의 중요한 부분이다. 성경은 우리를 가르치기 위해 쓰여졌다(롬 4:23~24, 15:4; 딤후 3:15~17). 가르침의 일을 하고, 변하여 성장하고, 교회를 세우고, 다른 사람들을 위한 선행을 할 수 있도록 성도를 준비시킨다(고전 14:26; 엡 4:11~16).

구약 성경과 신약 성경은 모두 예수 그리스도를 증거하며, 우리가 그분을 바라보고 믿도록, 그분을 하나님의 아들 그리스도로 인정하도록 인도한다(눅 24:25~27; 요 20:30~31). 우리는 성경이 증거하는 예수 그리스도를 믿음으로 하나님과 구원을 안다.

또한 예수 그리스도의 복음은 믿음을 통하여 구원을 받도록 하나님의 영광과 권능을 드러낸다. 복음은 사람들이 하나님의 말씀을 듣고, 주의 영광을 바라보고, 하나님의 신비를 깨닫게 이끈다(고전 2:6~9; 딤전 3:16). 그리스도의 위엄 있는 영광과 권능을 목격한 증인으로서 우리는 그분에 대하여 보고 아는 것을 다른 사람들에게 가르친다.

하나님은 아들 예수 그리스도를 통하여 우리에게 직접 말씀하셨다. 아들을 통해 하나님은 자신의 신비, 즉 그리스도의 신비를 우리에게 드러내시고 알려 주셨다(요 1:14; 엡 3:2~3). 그리스도 안에는 하나님의 진리와 지혜, 은혜가 충만하다. 우리는 그리스도의 신비를 꿰뚫어 보는 통찰력과 하나님의 신비에 대한 참된 지식을 가지고 있다(골 1:25~27, 2:2~3). 하나님의 진리와 은혜의 청지기로서 우리는 그리스도의 신비를 사람들에게 가르쳐, 하나님이 그들에게 회개와 진리의 지식을 주시도록 한다.

우리가 사람들에게 하나님의 말씀을 가르치는 목적은 먼저, 사람들이 우리 주 예수 그리스도를 통해 나타난 하나님의 진리를 보고 알아, 진리를 믿고 순종하는 것이다(고후 4:5~6; 요삼 1:4).

다음으로, 하나님의 말씀의 영적 양식을 공급하여 그들이 그리스도의 완전함으로 성장하도록 돕는 것이다(엡 4:11~16; 골 1:28; 벧전 2:1~3). 그리고 성도들을 사역의 일을 위하여 준비시키며 교회를 세우게 한다.

마지막으로, 그리스도와 성경에 따른 진리의 교리를 가르쳐, 아무도 오류의 교리를 통해 그들을 사로잡아 가지 못하도록 하는 것이다(엡 4:14; 딤전 1:3~7).

하나님의 말씀을 어떻게 가르치는가?

진리의 성령이 우리와 함께 계시며, 아들을 증거하시고(요 15:26), 모든 것을 가르치신다(요 14:26). 하나님의 영은 아들을 계시하시고, 그리스도 안에 있는 모든 진리와 지혜를 우리에게 알려 주신다. 따라서 우리는 성령으로 가르치며, 신자들에게 스스로 모범을 보임으로써 가르친다(딤전 4:12; 딛 2:7; 벧전 5:3).

또한 성령님은 우리가 그리스도를 통하여 말씀을 보고 해석하며 이해할 수 있도록 영감을 주신다(요 14:26; 고전 2:10~16; 벧후 1:20~21). 우리는 성령의 권위를 가지고 그리스도와 진리를 가르친다. 그러므로 우리의 가르침은 우리의 것이 아니라 성령의 것이다.

우리가 성령의 지혜와 능력으로 모든 사람에게 하나님의 말씀을 가르침은 모두를 그리스도를 닮은 자로 하나님께 바쳐 영광을 드리기 위함이다.

교제

성도의 교제는 예배 봉사에서 중요한 부분이다. 예수 그리스도의 진리를 순종함으로 모든 신자는 성령에 의해 그리스도 안으로 침례를 받아, 그리스도와 하나가 되었다(고전 12:13). 그리스도 안에서 성령에 의한 우리의 교제는 성부, 성자, 성도들과 나누는 교제이다(요일 1:3). 이러한 교제는 성도들에게는 북돋음(edification)이요, 하나님께는 영광이다.

그리스도인으로서 우리는 하나님 그리고 성도들과 친밀하고 밀접한 관계를 맺고 있다(고전 1:9). 우리는 더 이상 이방인이 아니라 하나님 나라의 동료 시민이며, 하나님의 가족 안에서 형제자매이며, 그리스도의 몸의 지체이다(고전 12:12, 27; 엡 2:19). 사랑과 평화는 크리스천 교제의 특징이다. 성령의 교제에서 우리는 같은 마음과 사랑을 가지고 하나님께 영광을 드리는 목적을 공유한다.

또한 우리의 교제는 예수 그리스도와의 교제이다. 우리는 그리스도와 함께 죽고 부활한다(롬 6:3~4). 우리는 그분과 함께 고난을 받고(빌 3:10), 살고(롬 6:8), 영광을 받으며(롬 8:17; 골 1:24), 그분의 신성한 성품에 참여한다(벧후 1:4).

성도는 하나님의 영광을 위해 개별적으로나 집단적으로 교회를 세우는 일에 기여한다. 성령의 사역자들은 교회에서 다양한 사역을 통해 하나님을 예배한다(롬 12:6~8; 벧전 4:10~11). 우리는 각자의 영적 은사를 사용하여 예배, 가르침, 교제에 헌신하여 함께 교회를 세운다. 또한 교인들은 교회 건물을 관리하고, 음식을 준비하고, 식탁에서 봉사하고, 가난한 사람들에게 나누고, 어린이들을 위해 사역함으로써 주님을 섬긴다.

그리하여 교회에서 우리의 경험은 그리스도의 완벽함에 이르도록 함께 성장하고 성숙하는 것이다(엡 4:11~16). 모든 교인이 동참하여 교회를 세울 때 개인과 교회가 영적으로 성장한다(고전 14:26). 성령으로 교회를 세우고 하나님께 영광을 돌리는 봉사는 그리스도 안에서 성도의 교제를 통해 이루어진다.

📖 선행

선행은 예배 봉사의 또 다른 중요한 부분이다. 그리스도인으로서 우리는 이웃을 사랑하고 봉사함으로써 하나님을 섬긴다. 그리스도의 이름으로 다른 사람의 유익을 위한 선행은 하나님께서 기뻐하시는 영적 제물이다(히 13:16).

하나님은 불경건하고 불의한 행위를 다 버리고 선행을 열심히 하도록 우리를 구원하셨다(딛 2:11~14). 우리는 스스로 겸손하게 종이 되어 이웃의 복지를 위해 봉사한다. 여기에는 가난한 사람들에게 음식, 의복, 거처를 제공하고, 병자와 과부를 돌보고, 투옥된 사람을 방문하는 것이 포함된다(마 25:35~40; 딤전 5:3~4).

또한 우리는 정부 관리(롬 13:1), 고용주와 직장 상사(엡 6:5~8; 벧전 2:18~21), 부모(엡 6:1), 남편(엡 5:22~24; 벧전 3:1~6) 등 권위 있는 자들에게 순종하라고 부름받았다. 이것이 악행에서 선행으로 우리를 부르신 하나님을 예배하는 방법이다.

- 재정적 선물

재정적 선물은 타인에 대한 사랑과 섬김을 표현한다. 빌립보 교인들이 사도 바울에게 헌금했던 것처럼(빌 4:15~18), 가난한 사람들에게 헌금이나 헌물로 봉사하는 것은 하나님께서 기뻐 받으시는 영적 제사이다. 우리의 선물을 받는 사람들도 우리가 제공하는 선행으로 인해 하나님께 영광을 돌린다(고후 9:13).

우리는 먼저 하나님의 은혜와 구원에 대해 하나님께 찬양과 감사의 영적 제물을 드리고, 도움이 필요한 사람들에게 재물을 나눈다. 하나님은 우리의 마음에서 드리는 영적 제물을 수십억 원의 헌금보다 더 소중하게 여기신다. 재물의 나눔은 하나님이 우리에게 은혜의 선물로 주신 성자와 성령에 대한 우리의 감사를 표현한다(고후 9:15). 그리스도의 이름으로 물질의 소유물로 사람들을 섬길 때 우리는 하나님을 예배한다.

그리스도인이 가난한 자에게 선물하는 행위는 성령의 교제(koinonia, 공동, 공유)이지 자선 활동이 아니다. 교회는 단순히 가난하거나 불행한 처지에 있는 자를 동정하여 재정적 원조를 주는 자선 단체가 아니다. 우리는 이웃을 사랑하고 그들의 이익을 위해 금품과 물품을 나눈다(롬 15:26; 빌 4:15~16). 재물을 주고받는 그리스도인의 교제는 사도행전 2장 44~47절에 잘 나타나 있다. 초기 유대인 신자들은 다 함께 있어 모든 재산과 물건을 공유하고 가난하고 궁핍한 사람들을 돌보아 하나님께 영광을 돌렸다.

이러한 공유의 관행은 정부가 모든 자원과 생산, 재산을 소유하고 관리하는 공산주의나 사회주의 같은 국가 통제 체제와는 다르다. 그리스도인은 재산과 생산에 대한 개인의 소유권을 인정하며(행 2:46, 12:12), 사유 재산을 자발적으로 공유한다. 물품과 서비스를 기쁨으로 공유하는 것은 성령의 사랑의 표현이다. 신자들이 재산을 공유하는 교제는 하나님의 가족 안에서 공동체 의식을 보여 준다.

선물의 동기

성령님은 우리가 사랑의 표현으로 도움이 필요한 사람들에게 나누도록 영감을 주신다. 따라서 우리는 사랑의 구체적인 표현으로 기꺼이, 즐겁게 기부한다(롬 12:8; 고후 9:7).

선물의 태도

그리스도인의 선물은 하나님이 하늘과 땅의 주이시며, 모든 것의 합당한 소유자이시며, 모든 좋은 것을 공급하시는 분이심(약 1:17)을 인정하는 것이다.

하나님의 은혜의 관리자로서 우리는 재정에 책임과 의무가 있다. 그러므로 도움이 필요한 사람들과 재산을 공유한다. 주 예수님이 사도행전 20장 35절에서 "받는 것보다 주는 것이 더 복이다."라고 말씀하셨듯이, 돈은 개인의 부와 사치를 위해 모으는 것이 아니라 다른 사람에게 유익을 주고 하나님께 영광을 돌리는 데 사용되어야 한다.

선물의 액수

그리스도인은 율법의 낡음이 아니라 성령의 새로움으로 헌금한다. 우리는 그리스도와 함께 율법에 대하여 죽었으므로 십일조와 봉헌물의 율법에서 자유롭다. 성령의 사랑과 자유를 가지고 하나님의 풍성한 은혜로 아낌없이 헌금한다(고후 8~9장).

주목할 점은, 성령으로 충만한 초대 교회 유대계 그리스도인들은 율법이 규정한 십일조와 봉헌물을 바치지 않았다는 것이다. 그들은 재산과 소유물을 팔아 그 수익금을 도움이 필요한 사람들과 나누었다(행 2:45, 4:32~37).

그리스도인의 선물의 표준은 하나님이 세상에 주신 선물인 아들이다(요 3:16; 고후 9:15). 우리 주 예수님은 가난한 죄인들을 위하여 사랑으로 십자가에서 자신을 하나님께 희생 제물로 바치셨다(엡 5:1~2). 이처럼 우리도 가난한 사람들을 사랑하여 희생적인 선물로 섬기도록 부름받았다.

실제로 헌금 액수를 정할 때는 본인의 필요와 타인의 필요를 모두 고려해야 한다. 본인의 재정적 의무와 도움이 필요한 사람들을 돕는 사랑의 의무 사이에서 균형을 찾는 것이 중요하다. 우리의 기본적 필요를 우선시하는 것도 중요하지만 다른 사람들의 필요도 인식해야 한다. 이러한 필요에는 교회, 다른 수입이 없는 크리스천 사역자들, 그리고 스스로를 부양할 수 없는 사람들이 포함된다(행 11:27~30; 딤전 5:16).

무엇보다, 우리의 헌금액은 성령님의 인도를 받아 정한다. 따라서 우리의 능력으로 최선을 다하며, 때로는 우리의 능력을 넘어서 헌금한다(고후 8:1~3).

묵상과 예배

1. 크리스천 예배는 주 하나님의 영광을 위해, 이웃의 유익을 위해 봉사하는 것이다.

2. 그리스도인 제사장의 임무는 하나님의 영광을 위해 찬양과 감사, 선행의 영적 제물을 바치는 것이다(히 13:15~16).

3. 하나님을 위해 전도, 예배, 가르침, 교제, 선행의 사역에 종사할 때 찬양과 감사로 한다.

4. 우리 주 예수님이 우리를 위해 십자가에서 자신을 하나님께 제물로 바치신 것처럼, 우리는 우리의 몸과 삶을 하나님께 산 제물로 바친다.

5. 우리가 전하는 복음은 사람에게서 받은 것이 아니라 예수 그리스도의 계시를 통해 받았다(갈 1:11~12).

6. 성령으로 충만할 때, 우리는 마음에서 나오는 찬양과 감사로 주 하나님을 사랑하고 예배하고 섬길 수 있다(엡 5:18~20).

7. 성경 말씀은 성령에 의해 영감으로 쓰였으며, 성령으로 해석된다(벧후 1:20~21).

8. 그리스도인들의 교제는 하나님 아버지와 아들과 성도들과 나누는 교제이다(요일 1:3).

9. 주 하나님을 섬기는 일은 우리 삶에 영생, 의미, 영광을 부여하는 거룩하고 존귀한 것이다. 인간의 참되고 영원한 직업은 하나님을 예배하는 일이다. 예배보다 인생에 영광과 행복, 만족을 주는 일은 없다.

결론

그리스도인은 그리스도의 계시에 따라 주 하나님을 예배한다. 하나님의 아들이신 예수 그리스도께서는 세상에 오셔서 천국의 참된 예배를 드러내셨다. 그리스도의 임재와 계시로 온 세상은 하나님의 영원한 나라와 권능과 영광으로 충만하다. 이 거룩한 성소에서 성도들은 주님의 영광을 바라보며 하나님을 경배한다.

반면, 오늘날 많은 기독교인들은 여전히 율법주의적 예배 방식을 고수하고 있다. 그들은 율법이나 인간의 전통과 법에 따라 특별한 성일, 지상의 성소, 육신적 성직자, 자연적 제물과 같은 율법의 초보적인 것을 보며 예배한다. 교회력, 교회 건물, 성직자 복장, 예배 순서, 음악 등 인간의 작품에 의존하는 예배는 율법적이다.

그리스도인은 그리스도 예수를 통하여 성령으로 예배한다. 그리스도의 죽음은 구약의 율법이 요구하는 바를 완성함으로써 신자들에게 성령에 의한 새로운 예배의 길을 열었다. 이제 율법은 구식으로, 크리스천 예배에 쓸모가 없다.

하늘의 하나님은 그리스도에 따른 참된 예배로 우리를 부르신다. 율법주의적인 예배를 버리고, 그리스도 안에서 천국적이고 영적인 예배를 추구하자. 우리가 그리스도와 함께 죽어야 율법에서 자유하다. 예수의 십자가를 통하여 나타난 주의 영광을 바라보면, 우리는 그리스도와 함께 죽고 부활한다. 그리스도를 통해 하나님의 성소에 들어가 그분이 기뻐 받으시는 영적 제물을 드리자. 하나님 앞에 서서 그리스도 예수를 자랑하며, 하나님의 영으로 예배하자. 성령의 자유와 사랑과 기쁨으로 매일 끊임없이 주님을 섬기자.

예수 그리스도는 죽음과 부활을 통해 승천하셨다. 하늘에 계신 그리스도 예수님께 눈을 돌려 주의 영광과 권능을 바라보면 그분을 믿게 된다. 아버지께서는 그리스도를 통해 신자에게 성령을 풍성하게 부어 주신다. 신자는 성령으로 씻음을 받아 깨끗해지고, 성령의 선물을 받는다. 그리하여 그리스도를 통해 성령으로 주 하나님을 예배하게 된다.

하늘에 계신 우리 아버지, 아버지께서는 거룩하십니다. 아버지를 사랑하고 예배합니다. 영광을 받으소서!

예배 변혁

1판 1쇄 인쇄 _ 2025년 6월 30일
1판 1쇄 발행 _ 2025년 7월 5일

지은이 _ 김정태
펴낸이 _ 이형규
펴낸곳 _ 쿰란출판사

주소 _ 서울특별시 종로구 이화장길 6
편집부 _ 745-1007, 745-1301~2, 747-1212, 743-1300
영업부 _ 747-1004, FAX 745-8490
본사평생전화번호 _ 0502-756-1004
홈페이지 _ http://www.qumran.co.kr
E-mail _ qrbooks@daum.net / qrbooks@gmail.com
한글인터넷주소 _ 쿰란, 쿰란출판사
페이스북 _ www.facebook.com/qumranpeople
인스타그램 _ www.instagram.com/qrbooks
등록 _ 제1-670호(1988.2.27)
책임교열 _ 최은샘·김준표

© 김정태 2025 ISBN 979-11-94464-52-5 93230

책값은 뒤표지에 있습니다.
이 출판물은 저작권법에 의해 보호를 받는 저작물이므로 무단 복제할 수 없습니다.
파본(破本)은 구입처에서 교환해 드립니다.